CW01337092

»الصّلاة«

اثر

مولانا المعظّم حضرت شاه مقصود صادق عنقا »پیر اویسی«

به انضمام افاضات

حضرت پیر منیر مولانا صلاح الدّین علی نادر عنقا

در شرح الصّلاة

انتشارات مکتب طریقت اویسی شاه مقصودی

الصّلاة

اثر مولانا المعظّم حضرت شاه مقصود صادق عنقا «پیر اویسی»

به انضمام افاضات

حضرت پیر منیر مولانا صلاح الدّین علی نادر عنقا

در شرح الصّلاة

نوبت چاپ: اوّل

تعداد: ۲۰۰۰ جلد

ناشر: انتشارات مکتب طریقت اویسی شاه مقصودی ـ اروپا

پانزدهم بهمن ۱۳۹۰ هجری شمسی - ۴ فوریه ۲۰۱۲ میلادی

شابک: ۲-۹۷۸-۱۹۰۴۹۱۶۶۴

این کتاب در چین چاپ شده است.

حقّ چاپ محفوظ است.

حقّ طبع و انتشار و نقل تمام و یا جزئی از متن این کتاب، تحت هر عنوان و وسیله در سراسر ممالک بدون کسب اجازه قبلی از مدیر عامل مکتب طریقت اویسی شاه مقصودی ممنوع می باشد.

هو الله العلی

آنانکه می‌دانند گمگشته‌ای دارنـد، از پس حکـمت شتافته و بـا جسـتجوی کلیدی که گشایندۀ رازهای نهانی آنهاست، در صدد شکافتن اسرار تاریکی‌های شبِ وجودشان و مشاهدۀ انوار هدایت برمی‌آیند و عاقبت الامـر پاسخ تـمامی سردرگمی‌ها را در کُنهِ وجود خود می‌یابند.

گشت معلومم که مطلوبم درون خانه بود

جستجوهای برونی حرف دام و دانه بود

در تعالیم و افاضات انبیاء، اولیاء و عرفای عالیقدر، برای کشف حقیقت پنهان، توجّه انسان به مرکزیّت لایتناهی وجود در موجودیّت خود او معطوف می‌گردد. رجوع و توجّه همه جانبه و مداوم انسان به این مرکزیّت، که همان قلب و عـقدۀ حیاتی قلب است، به معنای تحقیق و مطالعۀ حقیقی بـوده، کـه الزاماً مـنجر بـه برخورد و تلاقی با واقعیّت حیات و نهایتاً تحقّق همه جانبۀ اصل یگانگی و طلوع اشعۀ انوار الهی در دل خواهد گردید. تحصیل معنای حقیقی و عملی دانائی یا معرفت، تنها از این طریق حاصل می‌گردد.

فریاد من، در هستی طنین انداز،

و نغمه‌های فرشتگان، خوانندهٔ تازه واردین

و فرزند مستقر در آرامش، پر جلال و حیرت‌انگیز،

...

وجود به کلمات او گویا،

صادق در نادر ناطق،

پیکرهٔ نور در هم آمیخت،

قطره به دریا نشست،

آسمانها را خورشید گرفت،

پس زمانی که ثابت شد، مملو کردم او را از روح خودم.

رازنامه اثر مولانا المعظّم حضرت صلاح‌الدّین علی نادر عنقا

پیر طریقت اویسی شاه مقصودی

طلب کشف اصول هستی و استقرار در حاکمیّت آن برای انسان، اجتهادی و بی‌تکلّف یا به عبارت دقیق‌تر فطری و ذاتی است. بنابراین پاسخگوئی به اینگونه جاذبهٔ فطری و جوشش حقیقی، مستلزم قیام همه جانبه‌ای خواهد بود که متکی بر ایمان بوده و متوجّه به همان مرکزیّت حیاتی اوست. این مقام در راستای تعالیم علم دین، مسیر حصول «معرفت» نامگذاری می‌گردد، که در امتداد آن مراتب و وجوه انسان متأثّر و متحوّل از تناسبات متغیّر در زمینه‌های محدود ابعاد نخواهد بود.

مسلّماً هنگامی که قیام در مسیر معرفت، آنچنان که بیان گردید، مورد مطالعه قرار گیرد، صرفاً جنبه‌های ظاهری، که محدود به زمان و مکان می‌باشند، مورد نظر نیستند، بلکه قیامی پیوسته و یکپارچه در امتداد قوای گیرندگی و ارتباط قطعی انسان با نوامیس وجود مورد تحقیق است. به جهت تحقّق این چنین هدفی، باید کلیّهٔ دستگاهها و ادوات انسانی در جهت عرضهٔ این قوا و همچنین در صلاحیت تامّهٔ خود فعّال بوده و هیچگونه مانعی در این راستا وجود نداشته باشد، به عبارت دیگر، پاکی، حاکم بر موجودیّت انسان باشد. به همین دلیل وجود عامل و وسیله‌ای که رجعت دهنده، سوق دهنده و یادآوری کنندهٔ مرکزیّت حیاتی در انسان بوده و همه جانبه آبیاری کنندهٔ پیکره‌های فیزیکی، الکتریکی - مغناطیسی و روحانی او در جهت شکوفایی قوای حقیقی و نهایتاً کشف معنای حیات باشد، الزامی است.

صلاة یا نماز، فریضه‌ای مملو کنندهٔ کلّیهٔ مراتب وجودی بوده و در عین حال اعلام کنندهٔ قیامی همه جانبه و متّکی بر اصل یگانگی است. بنابراین صلاة یا نماز ضرورتاً جهت فطری و ذاتی داشته و رجوع مُصلّیٖ یا نمازگزار در کلّیهٔ دقایق نماز الزاماً معطوف به مرکزیّت حیات، که همان عقدهٔ حیاتی قلب است، می‌باشد. بدین ترتیب موجودیّت مُصلّیٖ در راستای مشیّت وجود قرار خواهد گرفت و خواسته و ارادهٔ او، که در واقع متأثّر و متحوّل از تناسبات متغیّر در زمینه‌های محدود ابعاد است، در اقامهٔ نماز دخالتی نخواهد داشت.

در حقیقت نماز موهبتی است الهی و تحقّق عملی و واقعی آن شامل مراتب و دقایقی می‌باشد که در این مجموعه مشروح گردیده است.

کتاب حاضر شامل متن اصلی رسالهٔ «الصّلاة» اثر جاودانهٔ مولانا المعظّم حضرت شاه مقصود صادق عنقا می‌باشد، که همراه با بخشی از تعالیم حضرت پیر مکرّم مولانا صلاح‌الدّین علی نادر شاه عنقا، فرزند روحانی و جسمانی ایشان، در شرح و بسط دقائق و مطالب آن است که طی کلاسهای ارشادی افاضه فرموده‌اند و توسّط تعدادی از افرادی که در این کلاسها شرکت داشته‌اند گردآوری و تنظیم گردیده است.

با سپاس به درگاه احدیّت، امید است که توفیق بهره‌مندی از حقایق مکنون در لابلای سطور این اثر نصیب طالبان حقیقی مسیر معرفت گردد.

«الصّلاة»

بِسْمِ اللهِ الرَّحْمٰنِ الرَّحِيمِ

اَلْحَمْدُ لِلّٰهِ الَّذِي لَهُ الْاَسْماءُ الْحُسْنىٰ وَ جَعَلَ الْعِبادَةَ وَسِيلَةً لِنَيْلِ السَّعادَةِ فِي الْآخِرَةِ وَ الْأُولىٰ وَ الصَّلٰوةُ عَلىٰ نَبِيِّهِ مُحَمَّدٍ بِالْاِسْمِ وَ الْمُسَمّىٰ وَ آلِهِ اَعْلامِ الرُّشْدِ وَ التُّقىٰ وَ اَصْحابِهِ مَصابِيحِ الدُّجىٰ الَّذِينَ سَلَكُوا طَرِيقَ الْهُدىٰ.

***

ای عزیز![1] اصول دین، اجتهادی است و پس از معرفت به اصول دین

۱- «عزیز» یعنی عزّتمند. عزّتمند کسی است که در تناسب مطلق با اصل وجود است یعنی همهٔ ارزشها و قدرهایش از کُنه وجود سرمی‌زند. چنین شخصی جهت جهد در مسیر شناخت واقعیّت خود، شنوای دعوت حق می‌گردد. اینگونه مجاهده که در امتداد جهات حقیقیِ «بود» و عرضهٔ حقیقت حیات انسان است برخورد همه‌جانبهٔ او را با اصول دین و یا به عبارتی با عامل محرّک و وجه پرورش دهنده در خودِ او، یعنی ربّ او، میسّر می‌سازد.

از آنجاکه بکارگیری ادوات و لوازم در مرتبهٔ حس، یعنی در داد و ستدهای

مقدّس اسلام، اوّلین فریضه نماز است[۲] که آنچه در اصول دین دریافته و

نسبی، محدودیّتها را عرضه می‌کنند، برای انسان که تعریف واقعی او «یک واحد حقیقی و جامع» است و از وسعت لایتناهی نیز برخوردار می‌باشد، واجد بازدهیِ لازم نبوده و کافی نیست. انسان واقعی نه نبات است، نه حیوان و نه صرفاً صورت انسانی، زیرا این هیئت سلّولی، براساس دستورالعمل و ضرورت سلّولی محدود خود عمل می‌کند. در حقیقت وقتی صحبت از عزیز می‌شود منظور مقام آدمیّت است. لذا تا زمانی که شخص فقط متوجّه به تحوّلات سلّولی و حسّی باشد، نمی‌تواند مقام آدمیّت را عرضه کند و در نتیجه، عزیز و عزّتمند نیست.

۲- تحقیق در مسیر اصل حیاتی، در بساطت و گسترش همه جانبه، به معنای حاکمیّت حقیقی و همه جانبهٔ اصول دین در وجود انسانی است و این امری است اجتهادی یعنی بدون تکلیف و اجبار، بگونه‌ای که تمام مسائل او جهات فطری را در بر بگیرد. اگر عملی که از انسان سر می‌زند جهت تکلیفی پیدا کند در امتداد عناصر و صورتها داد و ستد دارد و جز فساد چیز دیگری عرضه نمی‌کند. یعنی اگر قرار باشد امر دین برای انسان واقع شود باید تمام مراتب وجودی او را مملو سازد آنهم بدون نیاز به یک عامل محرّکهٔ بیرونی که وی را برای انجام اعمال و یا سرزدن افعالی مجبور سازد. این عامل محرّک یا به عبارت دیگر جهت پرورشی، تا زمانی که در امتداد مرتبه هاست در محدودهٔ جاذبه‌ها و نسبتها خودش را عرضه می‌کند و در جهت فساد است، ولی هنگامی که براساس فطرت یعنی معرفت حقیقی می‌خواهد صورت امکانی و اجرایی بگیرد دیگر اجباری، نیست بلکه فطری است همانطور که انسان برای تنفّس خود اجباری ندارد و همچنین مجبور و مکلّف نیست ادواتی را فراهم کند تا چشمش ببیند زیرا بینائی امری است که ذاتاً با او هست و وقتی در روشنائی قرار گیرد در یک هماهنگی، کار خود را انجام می‌دهد.

به آن معرفت کامل حاصل نموده در فریضهٔ نماز(۳)، کـه حـقیقت عـمل

۳- هنگام اقامهٔ نماز نیز همه چیز از قبل برای نمازگزار فراهـم است و زمینههای اجرائی برای ظهور چنین حقیقتی هماهنگ خواهد بود. اگر اقامهٔ نماز بـا اجبار همراه باشد یا افراط و تفریطی صورت گیرد و یا براساس عامل محرّک خارجی انجام پذیرد همهٔ اینها در محدودیّتهای زمانی و مکانی، مَقولاتی آلوده کننده و بازدارنده و به هنگام نماز تأثیر میگذارند و حقیقی نخواهد بود و مانند آن است که از پشت شیشههای روغنی یا رنگی چیزی مشاهده شود.

ملازمت و مداومت در امتداد چنین مسیر پرورشی،کلیّه وجوه حیاتی انسان را حتّی در مراتب طبیعی، در تطابق حتمی با اصل وجود، بصورت همه جانبه عرضه خواهد کرد. در اینصورت میتوان گفت که آنچه واقع شود جز مشیّت وجـود نخواهد بود. به عبارت دیگر عرضهٔ حیاتی در مراتب وجودی انسان، تنها در داد و ستدهای حسّی خلاصه نمیشود، بلکه هـمهٔ تـحوّلات مـادّی او را نـیز در بـر خواهد داشت.

کلیّهٔ تعاریف حسّی انسان در محدودهٔ حاکمیّت قوانین جاذبه و میدانهای نیرو مصداق دارد و به محض اینکه قوانین فیزیک مـتحوّل شـده یا از انسان سـلب شوند، آنگونه تعاریف نیز از حیطهٔ قراردادی خود خارج شده و نهایتاً بیاعتبار میگردند. معرفت یعنی شناخت مسائل در تمام ضوابط حقیقی خود، کـه الزامـاً میبایستی انسان در خودجوشی، عرضه کنندهٔ آنها باشد. هنگامی که انسان معرفت حاصل کرد متوجّه به مسائل حقیقی خـود بـوده و عـارف نـام دارد یـعنی هـمهٔ موجودیّت او حقیقتاً بر یک اصل بنا شده و قیام کرده است. بر این اساس، قـیام انسان در جهت آدمیّت، تا زمانی که واجد صورت مادّی نیز هست، یعنی در مرتبهٔ فیزیکی قطعاً ضروری است.

فریضه، آنچنان چیزی است که حقیقتاً هست و باید صورت مرتبهای و اجرائی

الصّلاة   ۴

صالح، نزد مؤمن است^(۴) و مؤیّدِ وجوبِ حقیقی نماز می‌باشد، به کار بندد

به خود بگیرد و از انسان سر بزند. در اجرای این فرض و فریضه، تمام احتمالات و تناسبات در نظر گرفته می‌شود. معرفت و قیام به اصل حقیقت اگر فطری و ذاتی نباشد صورت خیالی و واهی داشته و جهت اجرائی ندارد و اگر هم اجرا شود ضایعه‌ساز خواهد بود. اصل فطری جایی برای تداخل تناسبات با داد و ستدهای حسّی ندارد و نظم دهندۀ تمام امور بوده و در یک هماهنگی و اعتدال کار را به انجام می‌رساند. نماز خود مصداق عدل است. در آنچه که به عنوان فریضۀ نماز بیان می‌شود، اساس کار، قیام بر یگانگی و عدل است. داد و ستدهای حسّی نیز باید همواره بر اساس عدل عمل کند و نه بر اساس تناسبات حسّی و صورت ظاهری، تا این اصل را ضایع و تباه نکند. در طبیعت هم شاهدیم که گیاه رطوبت را جذب می‌کند امّا به میزانی که ضایعه‌ساز نباشد یعنی تک تک ذرّات گیاه به عین عدل عمل کرده و نمی‌توانند خواستی جز آنچه که مرکزیّت گیاه که خواسته، داشته باشند. به عبارت دیگر قوانین را اطاعت می‌کنند. یک قانون است در تناسب با لوازم و ادوات خود، دائماً با معیار حقیقی خود که همان «عدل» است، سنجش دارد. یعنی همه چیز را به مرکزیّتش رجوع می‌دهد.

۴– آنچه که از انسان سرمی‌زند اگر متوجّه به صلاحیّت همه جانبه‌ای که با اوست باشد و در مسیر اصل جامعیّت یا آدمیت عرضه گردد، «عمل صالح» نام می‌گیرد. عمل صالح، دریافتی و متوجّه به فطرت انسانی است و نه ادراکات حسّی.

تا زمانی که ادراکات انسان مبتنی بر اصطلاحات ناشناختۀ ابعادی در سطوح ذهنی و قراردادی است، امکان عرضۀ آنها خارج از همان محدوده‌های سطحی یا ذهنی وجود نداشته و بالنّتیجه بصورت همه جانبه در راستای امر فطرت یا حقیقت وجود، که همان خداست، نخواهند بود. امّا زمانی که عملکرد او از محدودۀ گفتارها و آداب و رسوم قومی و تعصّبات و تحوّلات سلّولی فراتر رفته و

تا نفس امّاره به فضل عبادات به کمال نفس قدسی برسد و قابل دریافت عطیّات الهی گردد.(۵)

جهت فطری یابد و معیارها در نهایت خودکارساز می‌گردد، هرچه از او سر بزند متوجّه به عمل صالح خواهد بود و این تحقّق معنای ذکر پروردگاری یا ربوبی است که در تمام مراتب وجودی کارگزار است.

هنگامی که تک‌تک ذرّات وجود انسان در این مسیر بر اصل فطرت و حیات خود، قائم بوده و معیار و محک سنجش، مرکزیّت حیات یا عقدهٔ حیاتی قلب باشد، تفرقه‌ها و جدائی‌ها، تحت حاکمیّت امر جذبه، به هم‌بستگی و اتصال مبدّل می‌گردند و تحقّق این واقعیّت ظهوری از معنای عشق حقیقی است.

در اینجا لازم به تذکّر است که کلّیهٔ چگونگیهای موجودیّت انسان از ابتدای خلقت، در امتداد امر جذبه شکل می‌گیرد و در این راستا، حافظه و ضمائر نیز معنا و مفهوم پیدا می‌کند. پس از به کمال رسیدن این ادوات، انسان به منظور حفظ اصل وجودی یا امر حیاتی و همچنین جلوگیری از انحراف آن، در جهت تثبیت سلامت و آرامش جسمی و اجتناب از تحوّلات و انقلابات، از خود واکنش نشان خواهد داد. این واکنشها براساس قوانین مراقبت و پافشاری در سیستم مغزی، که به همین مقصود برنامه‌ریزی گردیده است، صورت خواهد گرفت.

۵- تا آن هنگام که انسان معنای حقیقی عمل صالح را درنیافته باشد، دامنهٔ بینش و عملکرد او براساس کلّیهٔ باورها و اعتقادات خودساخته، معلومات فردی و بالاخره ایمان خیالی اوست، لذا حتّی اگر در برخورد با معیار حصول دانائی و شاخص ایمان حقیقی در زمان خود نیز قرار گیرد، آنچنان غرق در مسائل موهوم است که دیگر برای او جائی جهت عرضهٔ معیارهای فطری و وجودی در جامعیّتی همه‌جانبه باقی نخواهد ماند. بنابراین آن شاخص حقیقی را نفی کرده و غالباً معترض هم می‌گردد و چه بسا در برخی موارد در صدد از میان برداشتن

الصّلاة

اهمّيّت و عظمت نماز به حدّی است که ستون دین نامیده شـده و در واقع ثمرهٔ اسلام و ایمان است. [۶] در این رساله تا آنجا که مـمکن است

دیدن این نور درقلب

نمودارهای عرضه کنندهٔ آن واقعیّت نیز برمی‌آید. در بررسی دقیقتر این پدیده، می‌توان علّت را در عدم عملکرد قوای حیاتی انسان در تناسبات حقیقی خود بازیافت کـه نتیجه‌ای جز ناتوانی وی در مشاهدهٔ فضل و بـخشش عامّ وجود ندارد. *(ترس در دست، نداشتن ایمان، وبکار بردن درعلبیت نه این نقطه حفره خیالی)*

نکتهٔ قابل توجّه و مهم این است که هرقدر دامنهٔ این تحوّلات و انقلابات در امتداد حیات انسان گسترده‌تر گردند سلسلهٔ اعصاب وی برای بازگشتن به وضعیّت اوّلیهٔ متعادلش، ناآرامتر و پر اختلالتر شده و نتیجتاً انتقال اطّلاعات با بی‌نظمی و ناآرامی بیشتری همراه خواهد بود، بطوری که تأثیر تـحوّلات شـیمیایی و طول موجهای متغیّر در کلیهٔ سلّولها و خصوصاً سلّولهای عصبی، ضایعات مختلفی را به بار آورده و در نتیجه، سلّولهای گیرندهٔ مغزی، کشش عکس‌العمل مـتناسب را نداشته و بتدریج حسّاسیتهای خود را جهت نقل و انتقال فرامین مربوط به امـور مختلف بدن از دست داده و می‌میرند. امّا همینکه نظم و آرامش در امتداد سیستم فیزیکی انسان برقرار بوده و هیچ‌گونه اختلالی در نـقل و انـتقال فـرامین مـغزی وجود نداشته باشد، وضعیت آرامش (Relaxation) بر پیکرهٔ فیزیکی انسان حاکم می‌گردد و زمانی که این نظم و آرامش در جمعیّت و کلّیّت وسیعتری برقرار شود، وضعیّت تمرکز (Concentration) کلّیهٔ پیکره‌های انسان را در بر خواهد گرفت.

۶- «مؤمن» از نامهای خداست. مؤمن یعنی آن کسی که بر اصل حیاتی خـویش قیام کرده و ایمان دارد. قیامی همه جانبه در تمام مراتب وجـودی، آنهم بـدون تکلیف و اجبار. برای مثال بذری که کاشته می‌شود برای عرضهٔ شاخه و بـرگ و گل و ساقه تحت اجبار قرار ندارد بلکه آنچه از او سر می‌زند عملی است ذاتی و فطری و علمش با او هست. پس مؤمن است یعنی ایمان دارد و جهات حیاتی او از

حقایق آن شرح خواهد شد. (۷)

مرکزیّت وجود یا فطرتش سر می‌زند که همیشه با معیار «عدل» عمل می‌کند. ایمان ثمرهٔ یقین است. بنابراین حصول آن مستلزم عبور از مرتبهٔ یقین می‌باشد. اوّلین شرط برای به حقیقت پیوستن معنای ایمان در انسان، حاکمیّت علم است. به بیان دیگر، حصول آگاهی نسبت به کلّیهٔ اموری که برای انسان جمعیّتی را موجب می‌گردند «ایمان» نام دارد به گونه‌ای که ایمان واقعی در امتداد عمل عالمانه و مبتنی بر قانون خواهد بود.

۷- نفس جوهره‌ای است مجرّد که برای عرضهٔ امکانی خود، متّکی به ذرّه می‌گردد. لذا هنگامی که چگونگی عرضهٔ عناصر متوجّه به ثقل گردید، مراتب نفس، که ثقیل‌ترین یا پست‌ترین مرتبهٔ آن «نفس امّاره» است، مطرح می‌شوند. حاکمیّت مجدّد نفس مجرّده، مستلزم طی مسیری عَمَلی است که در دقایق آن همهٔ اطمینان و ایمان فرد، ظاهراً و باطناً، به امر دانائی معطوف خواهد بود. در این صورت عرضهٔ نفس بصورت همه جانبه بوده و صورت، صفات و ذرّات در یک هماهنگی و یکپارچگی مجدّداً شکل متشکّل و نهایتاً مجرّد خود را بازمی‌یابند. رسیدن به این واقعیّت، مشروط به متمرکز بودن قابلیّت حقیقی انسان در نقطهٔ عطف یا نقطهٔ عدل وجود است. به عبارت دیگر، عطیّات الهی تنها هنگامی قابل دریافت خواهند بود که انسان در این نقطهٔ عدل استقرار یابد. در واقع رجوع انسان در چنین وهله‌ای به آگاهی است که «حاصل نموده» و در حقیقت این همان تحقّق معنای معرفت یعنی «تحصیل حاصل» است.

در اینجا توجّه به این مطلب حائز اهمیّت است که مورد نظر از بیان «ذرّه»، جسم نیست، بلکه ذرّه در حقیقت نیرو است که یک وجهِ ظهورِ آن، نمودار جسدی انسان می‌باشد. بدین ترتیب، موجودیّت انسان در کلّیّت خود عرضه کنندهٔ حیات گشته و به ذکر ربّ خود، چه ظاهراً و چه باطناً، مشغول می‌گردد. در

نماز در لغت به معنی دعاست و جهت تقرّب به خدا اقامه می‌شود. (۸)

اینصورت ذرّات وجود انسان از تفرقه رهائی پیدا کرده و نتیجۀ آن هـمبستگی خواهد بود و نمودارش حُب و عشق است. عشقی حیات بـخش و نـه هـویٰ و هوسی که انسان را آنچنان از واقعیّتش دور می‌کند که از امر جذبۀ فطری تخطّی نموده و جذب تمایلات، خواسته‌ها و آرزوهای خیالی و زودگـذر مـی‌گـردد و نهایتاً از آنها، در تصوّرات خود معشوقه‌ها و خدایان موهومی ساخته و هـر روز دست به دامان یکی از آنها می‌شود.

هنگامی که میدان الکتریک بر میدان مغناطیس قیام کند یا به بیان دیگر قائم شود، آنچه حاصل می‌گردد تابش و نورانیّتی است کـه ظاهراً و بـاطناً قـابل رؤیت و مشاهده خواهد بود. در ظاهر، عرضۀ تحوّلات سلّولی و در باطن متوجّه به اصل سلامتی است کـه تحقّق این چنین واقعیّتی، ثمرۀ اسـلام است. اسـلام به مـعنی سلامتی همه جانبه است، طوری که ظاهراً برخوردار از وسعت لایتناهی و بـاطناً عرضه کنندۀ امر عبودیّت باشد و این همان تسلیم صرف و همه جانبه به مرکزیّتی است که حقیقتاً و فطرتاً با انسان هست.

۸- در تعابیر عامیانه، «تقرّب» مترادف با نزدیکی یا مجالست بکار مـی‌رود امّا در مسیر معرفت، تقرّب یا قرب به خداوند، به معنای یگانگی بوده و هنگامی واقعیّت می‌یابد که کلّیۀ زمینه‌های عرضه کننده و پذیرندۀ انسان، سـالم و مـتجلّی قـانون حقیقی وجود باشد و هرچه غیر از هویّت حقیقی وجود یا خداست، از مـیان برداشته شود. به بیان دیگر معنای حقیقی قرب، شکست حد در بی‌حدّی است و متوجّه به مرکزیّت قلب می‌باشد.

باید توجّه داشت که قرب در امتداد تجرید بوده و زمانی واقع مـی‌شود کـه هرگونه بی‌تعادلی، ناهنجاری، آلودگی و بطور کلّی هر خطائی ـ که انعکاسی از تمایلات نفسانی انسان است ـ از او زدوده شده باشد. این گَندزدائی بـاید الزامـاً

بنابراین دعای حقیقی آنست که موافق با اجابت یعنی مشیّت حق باشد (۹)

همهٔ جهات انسان را در برگیرد تا میل خطاکاری از او سلب شود. در غیر اینصورت طبق قانون عمل و عکس‌العمل، کلیّهٔ اعمال انسان در هستی ثبت شده، بازدهی آنها نیز پس از به اتمام رسیدن کار دستگاه عامل، متوجّه او خواهد بود و در پی آن وی باید به بازتاب خطاهائی که تا به حال از او سر زده پرداخته و در جهت خنثی کردن و رفع آنها بکوشد. به تعبیری دیگر، قرب به معنای حفظ ارزشها و قربانی کردن کلیّهٔ عوامل تخریب کنندهٔ آنهاست.

۹- انسان برای کشف بساطت و جامعیّت خود و به منظور تحقّق امر توازن وجودی خویش، باید نمودارهای مرتبهای، تمایلات نفسانی و جهات ابعادی خود را در مسیر لایتناهی از دست داده و هویّت حقیقی خود را در امتداد هستی، یعنی عامل پدید آورندهٔ نمودارها عرضه نماید. به عبارت دیگر قرب حقیقی حاصل قربانی نمودن کلیّهٔ تمایلاتی است که مانع توجّه و رجوع همه جانبه به مرکزیّت حیاتی و فنا در حقیقت و اصل جامعیّت میگردد. در این مسیر، قیام انسان بر مرکزیّت حیاتی و منبع فیّاض وجود خویش بوده و لذا حرکات و تناسبات ظاهری را نیز در برمیگیرد. اصولاً ظهور هر نموداری برپایهٔ اینگونه قیام است که اعلام کنندهٔ همهٔ مراتب در یکپارچگی و یگانگی حقیقی خواهد بود و این وجهی از معنای «بعثت» است.

«اقامه» یعنی قیام کردن، نه آنکه حرکتی واقع شود یا تناسبی صورت گیرد. همانگونه که قبلاً اشاره شد هنگامی تعریف مؤمن حقیقی در انسان مصداق پیدا میکند که او بر آن وجود بسیط و لایتناهی که وجدانی است قیام کرده، متوجّه مرکزیّت وجودی خویش است و نه ظهورات مرتبهای. در حقیقت تمام ذرّات وجود نمازگزار باید با مشیّت وجودی در موافقت باشد. در غیر این صورت هم منافق است و هم مشرک. کافر هم هست یعنی پوشاننده. پس سلامتی و بازدهی

و صلٰوة حقیقیِ کامل آنست که خدا را بخواند و بخواهد و وجود خویش و تمنّیاتِ آن را در قبال حضرت حق، فانی بیند و خود را فانی و حق را باقی داند و این معنی دعای حقیقی است که ارادهٔ انسانی، یعنی ارادهٔ فردی در اصل نماز دخالتی ندارد.

خداوندی که از نظر حصول مقاصد دنیوی پرستش شود عظیم نیست. به این جهت اهل اسلام متّفق القولند که، هر قصدی در نیّت و صلٰوة غیر از قرب به حق باشد مبطل نماز است.

در او معنایی نخواهد داشت. این یعنی فساد، زیرا جمع آوری تحوّلات بیرونی و پیگیری مسائل موهومی موجب گسترش فساد در دستگاههای وجود انسانی گشته و بالنّتیجه موجودیّت او در امر سلامت و تسلیم استقرار نخواهد یافت. بنابراین نمی تواند با «وجود» که او را در هماهنگی خلق کرده هماهنگ باشد زیرا دائماً در انقلاب است و سیرش سیر فساد.

انسان موجودی است بسیار پیچیده و در بطن خود واجد عالم اکبر، یعنی وجود درکلیّت همه جانبه و جامع خود، می‌باشد. بنابراین آنچه راکه انسان ضرورتاً باید در امتدادکلیّهٔ نمودارها و تحوّلات عرضه کند، جامعیّتی است که واجد آن هست. عرضهٔ حقیقی این جامعیّت، مستلزم رجوع و توجّه به مرکزیّت افاضه کنندهٔ وجودی است، که این امر در اصطلاح اهل معرفت «مشیّت» نامیده می‌شود. به منظور تأکید در حاکمیّت امر مشیّت، لازم است که جامعیّت و احاطهٔ آن مورد پیگیری و بررسی قرار گیرد. در اینجا مجدّداً یادآوری می‌گردد که نماز زمانی که همه جانبه متوجّه به نقطهٔ عدل وجودی باشد، به معنای دعا، نیاز و خواست حقیقی یعنی همان مشیّت است.

ظاهر نماز را ارکان و هیأتی است که در کُتُبِ اهلش مضبوط و نزد اهل اسلام معلوم و معمول است.

باطن نماز را اسراریست که اغلب در آثار معاریف علماءِ راسخین و کُمّل عرفاءِ شامخین مذکور است.

شیخ صفی‌الدّین اردبیلی فرماید که: «نماز، اعظمِ ارکان دین است و در تشریح و توضیح آیهٔ مبارکهٔ: اِنَّ الصَّلوٰةَ تَنْهیٰ عَنِ الْفَحْشاٰءِ وَ الْمُنْکَرِ وَ لَذِکْرُ اللهِ اَکْبَرُ. (سورهٔ ۲۹ عنکبوت/ آیهٔ ۴۵) (نماز از فحشاء و منکَر بازمی‌دارد و ذکر خداوند، اکبر است.) گفت که: ذکر در صلٰوة، افضل باشد[۱۰] زیرا هر

۱۰- ذکر در لغت به معنای یاد است و در اصطلاح اهل معرفت، به یاد خدا اطلاق می‌گردد. شرط ضروری تحقّق چنین یادی، وقوع برخوردیِ همه جانبه و متّکی بر علم و آگاهیِ مطلق است به گونه‌ای که در همهٔ وجوه، واجد هم‌سنخی، هم‌موجی و هماهنگی با امر مورد برخورد باشد.

برای مثال تمام تحوّلات و نمودارهایی که به هنگام رشد یک بذرِ سالم مشاهده می‌شود، متوجّه نقطهٔ عدل و مرکزیّت عالمانهٔ آن است. اگرچه عقدهٔ حیاتی بذر، ظاهراً در ریشه کار انجام می‌دهد ولی در تک تک سلّولهای شاخه، برگ، ساقه و میوه این الزام هست که همهٔ اعمالشان بنابر اصل فطرت به عقدهٔ حیاتی متوجّه باشد، و نمی‌توان انتظار داشت که فقط ریشه کار انجام بدهد و در بقیّهٔ قسمتها، کاری صورت نگیرد.

به عبارت دیگر تمام مرتبه‌های گیاهی که در بذر مکنون بود در یک هماهنگی و اعتدال، خود را عرضه کرده و با مرکزیّت عقدهٔ حیاتی می‌سنجند. در حقیقت هر کدام از آنها، خود را با آن شاخصیّت، بازسازی و گندزدائی می‌کنند.

الصّلاة ۱۲

چند نماز، نمازگزار را از فحشاء و منکَرِ ظاهری بازمی‌دارد، ^(۱۱) یعنی کسی

یعنی اگر قرار باشد اصلِ فطرت در یک فرد به عنوان یک انسان حقیقی، سر بزند، وی باید متوجّه عقدهٔ حیاتی یا قلبش باشد تا از نظم و اعتدال بـرخوردار شـود. همانطور که قلب، جهت رشد جنین را در رحم عرضه می‌کند در این رحم دنیا نیز، باید این جهت پرورشی را ادامه دهد.

شخصیّت انسان مادّی‌گرا در معیارهایی نظیر مبل، خانه، اتومبیل و امثال آن خلاصه می‌شود که مردم و اجتماع برای او شکل داده‌اند و در نتیجه هرچه را که او ارزیابی می‌کند فاسد است زیرا اجتهادی ـ بی‌تکلّف ـ نیست و از روی اجبار است. چه چیز لازم دارد؟ ذکر. ♡

۱۱- «ذکر یادی است ز حسن رخ دوست» یعنی یادآوری و توجّه. ذکر، الفبائی است که انسان به وسیلهٔ آن قادر به رجوع به واقعیّتِ وجودی خویش می‌گردد که در تمام مراتب موجودیّتش، عرضه کننده‌ٔ نظم، اعتدال و یکپارچگی همه جانبه است و حاصل آن، تجلّی شاخصیّت حقیقی، متّکی بر معیار وجودی است.

چنانچه ذکر مبتنی بر پایه‌های مذکور باشد، نه تنها جهت اجباری پیدا نمی‌کند بلکه وجه ضروری و الزامی یافته و استقرار در واقعیّتِ آن، حتمی خواهد بود.

یادآوری، مشروط به برخورد همه جانبه است. اگر انسان با کسی یا چیزی برخورد پیدا نکرده باشد و همهٔ دانسته‌هایش فقط متّکی بر شنیده‌ها باشد آنچه را که به یاد می‌آورد براساس واهمه و جهات خیالی خواهد بود. یعنی همینکه بخواهد یاد چیزی بیفتد، آنچه را که شکل می‌دهد واهمه و خیال است حتّی اگر اطّلاعاتش هم صحیح باشد. به عبارت دیگر تا زمانی که وجه توحیدی و یگانگی ذکر برای ذاکر واقعیّت نیافته، ذکر صرفاً در قالب لفظ باقی می‌ماند. در اینجا جهتش اجباری است زیرا شخص تمام حالات و ادوات خود را بکار می‌گیرد تا صورتی برای خویش بسازد که آنهم غیرحقیقی است. چه چیز را می‌خواهد به

که به نماز مشغول است از او فحشاء و منکَر صادر نمی‌شود و لکن او را از فحشاء و منکَر باطنی باز نمی‌دارد از برای آنکه گاه در نماز باشد که خاطر نمازگزار در فحشاء و مُنکر افتد.(۱۲) و این قول، صحیح است زیرا آداب

یاد آورد؟ الزام پیدا می‌کند که رفاقتی وجود داشته باشد. باید همراه، هم‌قدم و همدم باشد. اینها ساده و قابل برخورد است. همهٔ آن موهومات نمی‌تواند آگاهی مطلق را در برداشته باشد و موجب تصفیهٔ باطن گردد.

مادامی که پشتوانهٔ جستجو و تحقیق، کنجکاویهای فردی یا تحریکات اجتماعی باشد، مبنای عملکرد هر فرد، برداشتها و تحوّلات ذهنی یا محیطی، که برپایه تناسبات و تمایلات شکل گرفته‌اند، خواهد بود. بالنّتیجه آنچه که عاید می‌گردد کاملاً خلاف جهت مسیری است که حقیقتاً مورد جستجو بوده است. به بیان دیگر به منظور حصول هدفی بسیط و جامع، بکارگیری ادوات محدود و وابسته، نه تنها کفایت نمی‌کند بلکه بازدارنده نیز خواهد بود.

انسان برای نیل به مقام آدمیّت و رسیدن به میزان و محکِ ثابت و واقعی الزاماً باید تحت تعلیم قرار گیرد تا ذرّه ذرّه به حقیقت نزدیک شود. در این راه لحظه‌ای غفلت از جوشش درونی جایز نیست و اعمال و رفتار انسان و هرآنچه که از او سر می‌زند نه تنها دور از اجبار است بلکه تمام موجودیّت او در امتداد اصل حیاتی قیام می‌نماید. در چنین شرایطی است که شخص بنابر فطرت ربّانی خویش، دائماً ذاکر است و نتیجتاً عملکرد او صرفاً محدود به ساعاتی خاص نخواهد بود. در غیراینصورت نتیجهٔ مطلوب حاصل شدنی نیست.

۱۲– در اینجا باید توجّه داشت که عملکرد انسان در جهت امر باطن تا زمانی که اجتهادی و فطری باشد مشمول خطا نمی‌گردد. امّا همینکه جهت مجرّد نداشته و نمودارهای او با ضوابط بیرونی ارزیابی شوند، خطا صورت می‌گیرد. در واقع رب یا پرورش دهندهٔ او در اینجا مغز و به بیان دیگر داد و ستدهای حسّی بوده و

الصّلاة

نماز در صورتی که مبتّکی به قصد قربت نباشد نماز نیست. امّا ذکر خداوند موجب تصفیهٔ باطن است و از خطاهای باطنی دل را باز می‌دارد.

در معنی ذکر گفته‌اند: خُرُوجٌ مِنْ مَیْدانِ الْغَفْلَةِ اِلیٰ فَضاءِ الْمُشاهَدَةِ عَلیٰ غَلَبَةِ الْخَوْفِ وَ شِدَّةِ الْحُبِّ. (ذکر خارج شدن از میدان غفلت است به فضاء مشاهده به غلبهٔ خوف و شدّت حب.)

و قیل: اَلذِّکرُ حارِثُ الْقَلْبِ وَ مُنْبِتُ الْحُبِّ وَ مُثْبِتُ اللُّبِّ. (ذکر زارع قلب است و رویانندهٔ حُب و ثابت‌کنندهٔ خرد.)^(۱۳)

میدان پرورشی، سطوح دنیای مادّی می‌باشد.

از طرفی چون تحوّلات سلّولی ناهنجار است، عصبانیّتها و ناراحتیها و تغییرات روانی بروز می‌نماید که خود ضایعه‌ساز است و ناهنجاریها را افزایش می‌دهد. هر چقدر ناهنجاریها افزایش یابد، فساد بیشتر شده و در نتیجه باعث می‌گردد که از حسّاسیت سلّولهای مغز کاسته شده و بتدریج فساد و نهایتاً مرگ آنها اتّفاق افتد. وقتی سلّولهای مغزی می‌میرند و گیرندگی خود را از دست می‌دهند وجود انسان در مراتب مادّی، دیگر معنائی نخواهد داشت.

تصفیه و پاک نمودن تمام جهات فطری در نهایت مرتبهٔ معیارهای حقیقی از کلیهٔ غبارها و موهومات ناشناخته، که به منزلهٔ ربّ مادّی انسان است، موجب عرضهٔ نمود وجوه حقیقی انسان در مرتبهٔ واقعی خود می‌گردد. وقتی معیار انسان در نهایت خلوص و وسعت خویش نباشد اعمال و افکار وی متوجّه به برداشتهای حسّی و تصوّر سر زدن اعمال و افعال نیک از انسان می‌شود تا جائی که وی در قبال انجام عبادات از خداوند طلبکار هم می‌گردد.

۱۳- آنچه که در اینجا مورد صحبت است، یاد در هر چگونگی و در هر مرتبه است. یک وجه آن همانند بذری است که در زمین قلب کاشته شده و تمام

و قیل: ذِکْرُ اللهِ حِصْنُ الْاِنْسانِ مِنْ وَساوِسِ الشَّیْطانِ. (ذکر خدا پناهگاه انسان است از وساوس شیطان.)(۱۴)

آلودگیها، غبارها و موهومات را ذرّه ذرّه از زمینهٔ قلب پاک می‌کند. بدین معنا که مرجع تمام ذرّات وجود برای سنجش شخصیّت، عقدهٔ حیاتی قلب است. زیرا هیئت قلب، ظاهراً و باطناً بر شاخصیّت خود متّکی بوده و خود واجد قوّهٔ رد و قبول است. زمانی که همهٔ موجودیّت انسان متوجّه به عقدهٔ حیاتی قلب بوده و در شاخصیّت و قیام و وسعت خود در تمام مراتب وجودی استقرار داشته بـاشد، آنچه که در پرورش و ربوبیّت است، در مراتب نیز کارگزار خواهد بود.

۱۴- موافقت و پذیرش حقیقی انسان پس از حصول آرامش و بـقا، کـه پـی‌آمد واقعیّت ذکر است، مسیر پاکسازی یا تزکیه از عوامل متزلزل و متغیّر را بـرای او می‌گشاید. مراد از ذکر یعنی علم، معرفت، آگاهی مطلق. وقتی اینها حاکم باشد شخص را از محدوده‌ای که متوجّه نسبتها و غفلت است بیرون برده و به آگاهی، علم و معرفت می‌رساند. جهت گفتاری یا آداب و رسومی به خود نمی‌گیرد. اگر انسان به هر دلیلی به مسائل ظاهری و عوامل متغیّر متوجّه باشد، دیگر جهت کلّی یا حقیقی جائی برای عرضه پیدا نمی‌کند و این یعنی عدم اطمینان. همین نگرانی و شوق وقتی جنبهٔ حیاتی داشته باشد باعث گندزدائی می‌شود. تا زمانی که این معیار حقیقی باطنی، حکمفرمای موجودیّت انسان نشـده و گندزدائی کـاملاً مـحقّق نگشته است، طلب یادآوری و خوف از فراموشی، به منظور استقرار در این مسیر و عدم انحراف از آن، وی را متوجّه این امر می‌کند که باید این پاکسازی واقع شود تا ذکر و یاد او حقیقی باشد. هرچه این خوف و نگرانی بیشتر شود شوق وی هم برای آنکه شک و تردید جای خود را به حقیقت بدهد، وسیعتر است. به عبارت دیگر وی را از ناراحتیها بیرون برده و علم و آگاهی جانشین آن خواهد شد. لذا برخورد او در هر مرتبه و با هر پدیده‌ای در نهایت موافقت، رضا و علاقه خواهد

و در تفسیر آیۀ: اَلَّذِینَ آمَنُوا وَ تَطْمَئِنُّ قُلُوبُهُمْ بِذِکْرِ اللهِ اَلا بِذِکْرِ اللهِ تَطْمَئِنُّ الْقُلُوبُ. (سورۀ ۱۳ رعد/ آیۀ ۲۸) (آنانکه ایمان آوردند، دلهاشان به یاد خدا آرام می‌شوند، آگاه باش که به یاد خدا دلها آرام می‌گیرند.)(۱۵)

ذره ذره ربّ تراز مغز به ققر حیاتی معوض می شود

بود.

مسـلّماً اینگونه مـوافقت و پـذیرش، در امـتداد کشـف حـقیقت، در یک (مسیر تحقیقی) مورد نظر است. بدین معنا که قراردادهای عوامانه و مسائل شکـل گرفته از بیرون در ابعادی محدود، که بدون پی بردن به وجوه حقیقی آن پذیرفته مـی‌شوند، واجـد ارزش عـلمی و تـحقیقی نـمی‌باشند. در این مسیر، عـرضۀ پدیده‌های مورد تحقیق، مستقل از امیال شخصی بوده و رضایت و علاقۀ محقّق نیز ورای جهات حسّی و آرزوئی وی است.

هنگامی که توجّه انسان به امر باطن و بسیط نباشد، غافل شده و فراموشی بر موجودیّت او حاکم می‌گردد و درنتیجه، سرمایۀ حیاتی خـود را دائماً صَرف عکس‌العملهای بیرونی نموده و از آن بهره‌ای نمی‌برد. امّا وقتی که این سرمایه متوجّه امر باطنی شود، همۀ امور او جلوه‌گر و نمودار عشق حقیقی خواهند بود. زمانی که رجعت همۀ امور حیاتی انسان بـه عـقدۀ حیاتی است، آنچه مـتجلّی می‌گردد، چه حس، چه دریافت، چه سلّول و خلاصه هر آنچه که از او سر بزند، متوجّه ربّ خویش است و جهت ربوبیّت در تک تک آنها حاکم خواهد بود. همانگونه که پیشتر نیز اشاره شد هرچه شاخصیّت و ذرّات وجودی انسان بیشتر متوجّه به عقدۀ حیاتی باشد و سازندگی از آنجا سرچشمه بگیرد، تفرقه‌ها در او به تدریج از میان رفته و همبستگی و وابستگی جایگزین آنها مـی‌گردد، کـه حُب، علاقه و عشق نمودار آن است. عشق حیات‌بخش که معیار و شاخص آن، عقدۀ حیاتی قلب است.

yardstick   مِیزان مُعیّن   (مرتفع-)

۱۵- انسان قادر به دریافت وحی و پشتوانۀ تـحقّق آن، مـعرفت فطری است.

ذاتی - اصلی

و آیهٔ مبارکهٔ: وَ اذْکُرْ رَبَّکَ اِذا نَسیتَ. (سورهٔ ۱۸ کهف/آیهٔ ۲۴) (پروردگار را یاد کن هرگاه که فراموش کردی.)(۱۶)

واقعیّت وحی زمانی محقَّق میگردد که تمام ذرّات وجود انسان بر مبنای عقدهٔ حیاتی قلب پرورش یافته و ربّ او عقدهٔ حیاتی قلب باشد. به عنوان مثال، خوف انسان در قبال عمل ناشایستی که انجام میدهد، گویای باطنی بودن معیار شاخصیّت اوست. در سایهٔ صبر حقیقی، عقدهٔ حیاتی، او را در رحم دنیا همانند دوران جنینی پرورش خواهد داد. در این مسیر انسان باید در نهایت از خودگذشتگی به این پرورش و بازسازی تن دردهد. وقوع این امر مستلزم عملکرد با معیار عشق است و این همان مقام فناست. فانی، فقیر و نادار است تا هر چه هست، «او» باشد. «کالمیّت فی یدی الغسّال»، نه ارزیابیهای سطحی داشته و نه عمل خودسرانه از او سر میزند. به عبارت دیگر آنچه در موجودیّت او حاکمیت دارد، امر تعلیم تا حصول معرفت است، طوری که جنبههای عملی آن، ذرّه ذرّه برای او محرز شده و حقیقت آن بر او فاش میگردد.

در این مسیر انسان دائماً در چنگال شکّ و تردیدها اسیر بوده و سرمایهاش متوجّه به ظاهر، و ربّ او در ردّ و قبول مسائل، مغز اوست. و حال آنکه به دلیل عصبیتهائی که قبلاً ذکر گردید، تعداد زیادی از سلّولهای مغز مردهاند و همچنین سایر سلّولهای عصبی نیز به دلیل ناهنجاریها فرسایش پیدا کردهاند. بنابراین انتقال اطّلاعات با خلل همراه خواهد بود و به همین دلیل شکّ و تردید تشدید خواهد یافت. وسوسهٔ شیطان به معنای همین مقایسات مرتبهای و ذهنی و زیادهطلبیها است. در واقع، جهشهای سلّولی و آنچه از سلّول سر میزند شیطان است.

۱۶- قیام همه جانبهٔ انسان بر یک امر یگانه، وجدانی و استوار است و مجاهده در جهت حفظ آن، مبنای ایمان او را تشکیل میدهد. اینچنین استواری و پایداری مسلّماً آرامش و ثبات را به همراه خواهد داشت و اغتشاشات و شکّ و

الصّلاة ۱۸

ذکر قلبی به منزلهٔ فُطام است که پرورش جان و روح، قلب مـؤمن و سالک به اوست. مواظبت در اذکار قلبی مولود حُب و عشق و دوام بر آن موجب خشوع است که فرمود حق تعالی: اَلَمْ یَأْنِ لِلَّذِینَ اٰمَنُوا اَنْ تَـخْشَعَ قُلُوبُهُم لِذِکْرِ اللهِ. (سورهٔ ۵۷ حدید/ آیهٔ ۱۶) (آیا وقت آن نشده است کـه دلهای مؤمنان به یاد خدا خاشع باشد.)(۱۷)

امّا شرط لازم در نماز، حضور قلب است که حضرت رسول اکرم صَلّی اللهُ عَلَیْهِ وَ آلِهِ وَ سَلَّم فرموده‌اند: لاٰ صَلٰوةَ اِلّاٰ بِحُضُورِ القَلْبِ. (نماز نیست

تردیدهای ناشی از انقلابات سلّولی، رنگ پذیریها و غبار موهومات، بر هویّت مؤمن سایه نخواهد افکند. به عبارت دیگر آرامش در ثبات است و ثبات از عطف توجّه به نقطهٔ عدل حاصل می‌شود، و عدل همان توجّه به عقدهٔ حیاتی است و آن آگاهی که از آن سر می‌زند. حصول حقیقی این آرامش مستلزم سکنیٰ گرفتن در قلب است که باگندزدائی و گسستن زنجیر تعلّقات و پیگیری جهات حقیقی ـ و نه تردیدها ـ تحقّق یافتنی است.

۱۷- انسان در مسیر پرورش حقیقی خود باید به مرحله‌ای دست یابد که هرچه با اوست و از او جاری می‌گردد، جنبهٔ فطری و دانائی داشته و در نتیجه تمام مسائل لفظی، حسّی، بینائی، فکری و به طور کلّی همهٔ مراتب وجودی او مرجعی جز قلب نیابند تا بدین ترتیب ذکر قلبی، که به منزلهٔ فُطام است، پرورش دهندهٔ جان و روح گردد و این زمانی است که نسبت به تمام دستگاههای عملکردی او اطمینان حاصل شود.

این رجوع پیوسته و دائمی، به معنای توجّه و توازن همه جانبهٔ کلّیهٔ نمودارها در مرکزیّت حقیقی قلب است، که خود متوجّه به امر ربوبیّت می‌باشد.

مگر به حضور قلب.)

تَفَقُّه و تَفَهُّم و تعظیم و هیبت و رجاء و حیاء ارکان معنوی در صلوة و مُستَلزم معرفت و ایمان نمازگزار است.

حضور قلب عبارت از حُضورِ در قلب است با همهٔ خواطر باطنی (۱۸) و قوای عقلی و روحی بطوری که در طلبِ مذکور ثابت مانَد و بدان فکری یا اندیشهای خواه خوب و یا بد نیفزاید و از آن غفلت نورزد و این معنی را در سُلوک به عنوان و نام نفی خَواطر آوردهاند. و در معنی خواطر گفته شده: اَلْخَوَاطِرُ خِطَابَاتٌ (۱۹) یَرِدْنَ عَلَی الضَّمِیرِ وَ قَدْ یَکُونُ بِالْقَاءِ الْمَلَکِ وَ قَدْ

۱۸- در این مبحث، توازن به جای تناسب موردِ تحقیق است، که جهت وجودی و فطری پیدا میکند بطوری که در اثر توجّه و رجوع به اصل، از حاکمیّت تناسبات عنصری کاسته شده و توازن وجودی حکمفرما میگردد. در این مسیر، تلاش ذاکر بر این است که نمودارهای خاکی یا عنصری را در چگونگی عرضهٔ حیات گذردزدائی نموده از طریق ذکر، تمام خواطر و ظواهری راکه در زندگی سلّول، ابتدائاً وارث گردیده و موجودیّتش را مملو گردانیده، ذرّه ذرّه پاکسازی نماید. بدین ترتیب که کلیهٔ رنگها، زنگها و اضافاتی راکه سبب آلودگی قلبش گشتهاند، پاکیزه کرده و خواطر حقیقی قلبی راکه متوجّه ربوبیّتش میباشند، جایگزین آنها گرداند. در این صورت کلیهٔ خصوصیّات ذاتی که با قلب هست، فطرتاً در او قیام نموده و تک تک در مرتبهٔ مادّی ظهور خواهند نمود و آرامش خود را مییابند که تحقّق این امر به معنای «جمع خواطر» است.

۱۹- همگینی هیئت و شکل بندی انسان در مراتب متعدّده انشعاب پیدا نموده و لایه به لایه در گسترش و جوشش است و در عین حال ارتباط و اتّصال آنها با

الصَّلاة

يَكُونُ بِالْقَاءِ الشَّيْطانِ وَ قَدْ يَكُونُ مِنْ اَحادِيثِ النَّفْسِ وَ اِذا كانَ مِنَ الْمَلَكِ
فَهُوَ الْاِلْهامُ وَ اِذا كانَ مِنَ الشَّيْطانِ فَهُوَ الْوَسْواسُ وَ اِذا كانَ مِنَ النَّفْسِ فَهُوَ

اصل و مرکزیّت افاضه کننده حتمی است. بنابراین حضور در قلب به منزلهٔ
حاکمیّت امر توجّه و توازن در یکپارچگی و اتّصال کلّیّهٔ نمودارها به اصل و مرکز
حیاتی است. تحقّق این واقعیت مستلزم عبور از مرز محدودیتها و برخورداری از
قوّهٔ رسوخ و نفوذ به عمق میباشد. در غیر این صورت پوسته‌ها و سطوح، انسان
را عمدتاً به خود مشغول نموده و بینش و دانشی فراتر از دامنهٔ این سطح را برای او
میسّر نخواهند نمود.

وقتی صحبت از خواطر میشود باید به چند مسئله توجّه داشت. یکی مسائلی
که انسان با آنها برخورد میکند و دیگری آنچه که او بعنوان اطّلاعات جمع‌آوری
کرده است و به دلیل فعّالیتهای سلّولی و زمینه‌هایی که هیئت او را فعلیّت
بخشیده‌اند در شرایط مناسب با زمینه‌های پذیرشی او ظهوراتی نسبی پیدا میکند
و در امتداد گیرندگی، تنها در بعضی از موارد نقش‌پذیر هستند و لذا منحصراً در
محدوده‌های حسّی عکس‌العمل نشان می‌دهند.

هر چه این اعمال و نمودارها بیشتر متوجّه به تحوّلات سلّولی و حسّی باشد،
آثار و ظهورات ناشی از آنها هم متوجّه به خاطرات و تحوّلات و یادآوریها و
عکس‌العملهایی است که این مرتبهٔ مادّی با مسائل مشابه داشته و انسان وارث آنها
گشته است و نتیجتاً بازدهی آنها نیز در امتداد نمودارهای ظاهری، تعیین کنندهٔ
حالات او خواهد بود.

به عبارت دیگر کلّیّهٔ اطّلاعاتی که انسان در برخوردهای خود جمع‌آوری و
ثبت نموده خواطر یا خاطرات اوست که خود این خواطر یا ضمایر در
نقش‌پذیری برخوردهای بعدی و انتخاب روش فکری یا روش زندگی نیز مؤثّر
می‌باشند.

قیام: ایستاده
برپا - برخاسته

الْهَواجِسُ (۲۰) وَ اِذا کانَ مِنْ قِبَلِ اللهِ فَهُوَ خاطِرُ الْحَقِّ وَ ذٰلِکَ اِسْتِناداً عَلیٰ قولِ

۲۰- همانگونه که بیان شد، هر چقدر موجودیّت انسان متوجّه ضمائر حیوانی باشد، از جهات نورانی و فیّاضه‌اش دور می‌گردد. بروز قانون از یک سلّول، هر قدر هم حقیقی باشد، برای خود سلّول کفایت نکرده و جوابگو نیست، زیرا کوچکتر از آن است. لذا از دیدگاه کلّی، تحوّلات ناشی از داد و ستدهای سلّولی و نمودارهای مادّی و فیزیکی و شیمیائی آنها و بالاخره آنچه که مغز برای آن تعریفی قرار داده، خارج از محفوظات آن، که از بیرون نشأت گرفته‌اند، نیست. بنابراین مغز به منظور پرورش بنده‌هایش، که همان سلّولها می‌باشند، جهت ربوبیّت داشته، و ربّ آنهاست و بندگی سلّولها در مقابل مغز امری حتمی است. از طرفی همانطور که قبلاً ذکر شد، آنچه که از مغز سر می‌زند، برای خود مغز کفایت نمی‌کند، چراکه بخشی از عملکرد او و کوچکتر از خود اوست. به بیان دیگر، ضمائر حیوانی و فعّالیتهای سلّولهای مغزی، که همان ادراکات و اندیشه‌های انسانند، نمی‌توانند جوابگوی خود مغز نیز باشند.

مطلب قابل توجّه در اینجا این است که، هنگامی که زبان انسان به حرکت درمی‌آید و مطالبی را عرضه می‌نماید، بر اساس قانون حاکم بر هستی، تمام ذرّات هستی را در امتداد آنچه بر او گذشته، متأثّر نموده و در یک هم‌موجی به تحرّک درمی‌آورد. به عبارت دیگر توجّه، تمرکز و هماهنگی و هم‌موجی انسان معطوف به چگونگی گویائی او در این جهان بسیط و لایتناهی است و نتیجتاً همین هم موجی و هماهنگی در او آمرگشته و همهٔ موجودیّت او بر آن قیام و عمل می‌نماید. یعنی زبان گویا شده و از قلب اطاعت می‌کند. بالعکس هنگامی که زبان خاموش شود، قلب گویا می‌گردد و لذا مبانی عملکرد انسان قلب او خواهد بود، که این حال را در سلوک «نفی خواطر» می‌نامند. همانگونه که مغز، ربّ سلّولهاست، عقدهٔ حیاتی قلب، ربّ جان و روح است. در هر حال، هر یادی

سَیِّدِ الْخَلْقِ صَلَّی اللهُ عَلَیْهِ وَ آلِهِ وَ سَلَّمَ: اَلْخَواطِرُ رُسُلُ اللهِ. وَ قیلَ: کُلُّ خاطِرٍ لاٰ یَشْهَدُ لَهُ ظاهِرٌ فَهُوَ باطِلٌ. (خواطر خطاباتی است کـه بـر ضـمیر وارد می‌شوند که گاهی به القاء مَلَک است و گاهی به القاء شیطان و گاهی حدیث نفس است، پس اگر از مَلَک باشد الهام است و اگر از شیطان باشد وسواس است و اگر از نفس باشد هَواجِس است و اگر از جانب خـداونـد بـاشد خواطر حق است و این به استناد قول سیّد خلق رسول اکرم صَلَّی اللهُ عَلَیْهِ وَ آلِهِ وَ سَلَّمَ است که فرمود: خواطر، فرستادگان خداوندند. و گفته شده است هر خاطری که ظاهر، گواهش نباشد باطل است.)

تَفَقُّه (۲۱) و تَفَهُّم در نماز آنست که آنچه از تسبیحات و ادعیه و اذکار نماز

متوجّه به مرکزیّت عدل وجودی و مشیّت پروردگاری بوده و اعمالش بـر حـق است،که این به معنای دریافت همه جانبه و تحقّق قصد واقعی انسان یا همان عمل صالح است. این چنین قیام و استقراری مبتنی بر امور حقیقی و وجدانی است که در وجود انسان مختفی و به عبارتی فطری است.

۲۱- دریافت همه جانبۀ علم حاکم و جاری در گفتار گوینده به معنای تفقّه است که باید با قلب و در قلب صورت پذیرد. در چنین راستائی، انسان نفس قانون است و نه مجری آن. به عبارت دیگر آنچه از او می‌زند، خودکفاست.

فقه به معنای قوانین در فروع و فقیه کسی است که براساس این قوانین بـرای عرضۀ حقیقت، قیام نموده است. چنین قیامی به منزلۀ تحقّق اصل قانون می‌باشد و نه مراتب اجرائی آن. به بیان دیگر، آنچه که سر می‌زند، باید خـودکفا بـوده و محدود به مراتب مادّی نباشد.

تا زمانی که توجّه انسان به سایه روشنها و ارتعاشات سطحی است، هـرچند

ایراد می‌کند در کمال معرفت و دانائی معنوی باشد و از اَداء هر لفظی معنی لطیفِ حقیقی آن را دریابد و قصد واقعی، او باشد.

تعظیم در صلوة نتیجهٔ معرفت و عبارت از حالیست که بنده به کمال بندگی در حضور حق واقف و جلال و عظمت حقِ جَلَّ و عَلاٰ را مُحیط بر وجود خود مُشاهده نماید. (۲۲)

گفتار گوینده عرضه کنندهٔ جامعیّت و کلّ هستی باشد، دریافت و نتیجتاً تـفقّه حاصل نشده، بلکه ارضاءِ خواسته‌ها و هوسها، جایگزین طلب حقیقی می‌گردد، لذاگرچه کلیهٔ ادوات لازم، یعنی چشم و گوش و قلب، در جهت دریافت کشف حقیقت فعّالند، امّا بینائی، شنوائی و تفقّه میسّر نخواهد شد. همچنین باید در نظر داشت که تفهّم در مسیر دریافت قرار داشته و موجودیّت انسان متوجّه بـه اصـل بسیطی است که بر آن قیام نموده است. اینچنین قیامی بر نقطهٔ عدل وجودی در اصطلاح اهل معرفت «تسبیح» نامیده می‌شود و این امری است که سالک، هـمه جانبه اعلام کنندهٔ آن می‌گردد.

۲۲- در چنین حالی قلبِ ناظر و حاضر درگویائی است و تنها گردش زبان در کار نیست. حضور او در مقابل حق نبوده، بلکه در حقیقت فنای در او و تسلیم اوست. همهٔ خواطر و قوای باطنی سالک در این مرحـله در مـرکزیت عـدل خـود و در هماهنگی همه جانبه استقرار یافته و قابل دریافت و هـدایت مـی‌باشند. در ایـن تعظیم، همهٔ ذرّاتِ وجودِ او گویای یک امر واحد می‌گردند. باید توجّه داشت کـه این مرتبهٔ وجودی در انسان هست، امّا هنوز از قلب بسط داده نشده است تا تحقّق یابد. نمونهٔ بارز این مطلب پیکرهٔ طبیعی انسان است. ذرّه‌ای از موجودیّتِ پیکرهٔ خاکی انسان از حاکمیّت این امر خالی نیست و در مرتبهٔ خود اعلام کنندهٔ اصل یگانهٔ وجود است. تا زمانی که قلب انسان پر از خار و خاشاک و آلودگی است،

هیبت و خشیت مُصلّی در صلٰوة، استنباط وجودِ مُطلقهٔ حق است و مُشاهدهٔ عدمِ موجودیّت خویش در برابر او.(۲۳)

قالَ اللهُ تعالٰی: اِنَّما یَخْشَی اللهَ مِنْ عِبادِهِ الْعُلَماءُ. (سورهٔ ۳۵ فاطر / آیهٔ ۲۸)

(از بندگان خدا فقط دانشمندان از خداوند می‌ترسند.)

یعنی فقط عالِم است که در برابر حق خاشع است. لذا عبادت جاهل و عوام النّاس که خالی از معرفت و علم باشد فاقد ارزش و مفاهیم معنویست

رجوعی به عقدهٔ حیاتی نداشته و لذا شک و شبهه در آنجا حاکم است. وقوف به این حال در انسان امری وجدانی است و فقدان در آنجا معنی ندارد. موجودیّت او در این گویائی مملو از همان امر واحد بوده و قیام همه جانبهٔ او بر مرکزیّتی است، که عدل نام دارد و در امتداد حاکمیّت این عدل، وجود قابل عرضه می‌گردد.

۲۳- هنگامی که کلیهٔ امیدهای واهی انسان به عوامل و داد و ستدهای بیرونی او قطع گردیده و چگونگیهای او همه جانبه از تفرقه باز ایستند، معنای هیبت در او تحقّق یافته و فروتنی بی‌تکلّف، که همان حقیقت مشیّت است، موجودیّت او را در بر می‌گیرد. در واقع این فروتنی هنگامی است که کلیهٔ ضعفها و قوّتها در امتداد نسبتها عملکردی نداشته باشند. به عبارت دیگر خاضع آنچنان کسی است که در مقابل خداوند تا آنجا که ممکن است، فانی بوده و نتیجتاً وجه ربوبیّت، همهٔ جهات او را از سلّول تا قوّه در بر می‌گیرد. تعبیر معنای خشیت به «گیاه خشک» نیز در همین راستاست، چرا که از همه جا قطع امید نموده است. در این صورت قلب عملکرد حقیقی خود را باز خواهد یافت، زیرا خشوع حقیقی، خشوع قلب است. در این امتداد، تمام هستی انسان بر عظمتی که در کنه وجود اوست و در آنجائی که اوست، یعنی مصلّی، قیام می‌نماید.

الصّلاة

و توجیه عدم صحّت عبادت کافر بلکه عدم صحّت عبادت کسی که عارف به خدای تعالیٰ نباشد همین است گر چه به ظاهر دعوی اسلام و ایمان کند. (۲۴)

تعریف علم بنا به فرمودهٔ حضرت رسول صَلَّی الله عَلَیْهِ وَ آلِهِ وَ سَلَّم اینست که: لَیْسَ الْعِلْمُ بِکِثْرَةِ التَّعَلُّمِ بَلْ هُوَ نُورٌ یَقْذِفُهُ اللهُ فی قَلْبِ مَنْ یَشاءُ. (علم به کثرت تعلّم نیست بلکه آن نوریست که خداوند در دل هر کس که بخواهد می‌اندازد.)

یعنی: حصول قرب و معرفت به خداوند

و این فقیر می‌گوید: حقیقت علم فنای عالِم در معلوم است و در غیر این صُورت اطلاق صفت علم بر عالِم بطور مجازی است. (۲۵)

۲۴- برخورد با علم در حجم زیاد، موجب تناسبات مغزی گشته و نتیجتاً جهت دانائی نخواهد داشت. پس الزاماً وجودِ وسیله‌ای که هم موج، هم سطح و هم زبان با لایتناهی باشد، ضروری است. در واقع موجودیّت و هیئت مادّی انسان باید واجد نوعی تعادل بوده و در توازن با هستی باشد تا تشریح هرگونه فرآیندی در این امتداد امکان‌پذیر شده و پیکره‌ها و خازن‌های متوجّه به نقطهٔ عطف در وجود انسان، قادر به متجلّی نمودن نور الهی و قابل دریافت پیام هستی گردند.

۲۵- وقتی صحبت از علم می‌شود منظور دانائی است آنهم به طریقی که در مسیر تحقیق، زاویه‌ای برای محقّق مخفی و پوشیده باقی نماند و وضوح و روشنائی مطلق، که دربرگیرندهٔ کلیهٔ مراتب وجودی اوست، حاکم باشد. به همین دلیل کثرت تعلّم یعنی شنیدن بسیار و تکرار آن، در صورتی که جنبهٔ اجرائی به خود نگیرد، جوابگو نبوده و شک و شبهه و احتمالات را تشدید می‌نماید. حصول دانائی ماسوای اوهام و خیالات مردمی و اجتماعی است، زیرا تعاریف انسانها از

مشهور است که اکثر حضرات ائمّهٔ اطهار علیهم السّلام هنگام وضو و قیام به نماز رُخسارشان زرد می‌شد و در جواب پُرسش از آن حال فرموده‌اند: هرکس بداند عبادتش در برابر کیست چنین می‌شود و این کمال خُشوع است به عین دانائی و معرفت. (۲۶)

حرا از هر کونه شک برشیمه
دل در کمال قابلیت پذیرش واجد تمام طول موجها است که هستی واجد آنست

امور لایتناهی و مطلق، در امتداد استنباطها، برداشتها و خواسته‌های محدود ذهنی بوده و واجد هیچگونه جهات تحقیقی نیست. حال آنکه در حقیقت، منظور از خواست خداوند، مشیّت وجودی و هستی ابدی است. بدین ترتیب، تذکر این مطلب که «در دل هر کس که بخواهد» اشاره به این دارد که در تجلّی و یا تحقّق این خواست، دل باید در هستی بسیط و لایتناهی و یا به عبارتی مشیّت خدائی، فانی گشته باشد. در غیر اینصورت علیرغم ارتباط دل با عالم هستی، وسعت لایتناهی در امتداد ذرّات میسّر نمی‌گردد. بنابراین امر تعلیم در نهایت مطلقهٔ خویش، تنها با حصول قرب و معرفت به خداوند امکان‌پذیر خواهد گشت. در واقع چگونگی استهلاک و فنای دل در مسیر لایتناهی، با تزکیه و طهارت امکان‌پذیر خواهد بود. به عبارت دیگر باید حجابها و موانع رفع گردد.

۲۶- تابش نور خدائی، در دل مؤمن متجلّی است و این امر در امتداد تحقّق واقعیّت هستی در مرتبهٔ انسانی می‌باشد. اینچنین واقعیّتی «دین» نام دارد. بنابراین مؤمن آنچنان شخصیّتی است که در موافقت با مشیّت هستی از هرگونه قید و بند رسته و وجودش به حق پیوسته است. سیر این رستگاریٔ در آزادی و برخورد او در مسیر دانائی و رحمانیت است. لذا دل مؤمن مظهریّت خدائی داشته و جهت ربوبیّتی است که در مراتب عرضه گشته و مبرّا از هرگونه شک و شبهه است. در حقیقت دل مؤمن در هستی مطلق مستهلک یا فانی شده، یا به عبارت دیگر دل او در کمال قابلیّت پذیرش بوده، واجد تمام کمّیات و طول موجهایی است که هستی

قَدْ اَفْلَحَ الْمُؤْمِنُونَ الَّذِینَ هُمْ فِی صَلٰوتِهِمْ خَاشِعُونَ. (سورهٔ ۲۳ مؤمنون/ آیات ۱ و ۲) (مؤمنان رستگارانند و آنان کسانی هستند که در نماز خـود خاشعانند.)

خشوع، خشیت قلب است و علامت آن التزام تمام جـوارح در نـماز است به آنچه امر شده از نظر وضع، دور از تکلّف. و نیز حضرت رسول اکرم صَلَّی الله عَلَیْهِ وَ آلِهِ وَ سَلَّم مردی را دیدند که در نماز با محاسن خود بازی می‌کرد، فرمود: «اگر دلش خاشع بود جوارحش نیز خاشع بود.»

هر کس متوجّه و متمرکز در قلب باشد غفلت از ظاهر دارد و قـوای دماغی و حواسش به انجام اُمور اضافی در نماز نمی‌پردازد، از آنکه هـر عمل لغو در مقام عبادت حقّ دور از ادب ظاهری و باطنی است. ^(۲۷)

واجد آن می‌باشد، یعنی بسیط و لایتناهی است وگرنه تابش ممکن نیست. استقرار مؤمن در این امر ربوبی باعث سکون همهٔ قوّتها در او گشته و زردی صورت، نشانه و گویای این واقعیّت است. به بیان دیگر همهٔ اختیارات از او سلب شده و امر وجود، فرمان حاکم در اوست و معنای اطاعت و تسلیم، تحقّق عملی و همه‌جانبهٔ همین امر است.

۲۷- بهره‌وری از امر خالق یا خداوند مستلزم این است که تک تک ذرات وجود انسان جهت خلّاقیت داشته و بدون تکلّف و اجبار، عرضه‌کنندهٔ وسعت حقیقی خود باشند. اطاعت همه‌جانبهٔ قلب از این امر به گونه‌ای است که جهد و تـلاش مؤمن هیچگاه جنبهٔ تـحریکی و اجباری نـخواهـد یـافت. مسلّماً بـهره و مـیوهٔ حاکمیّت چنین خشوعی در عبادت، توحید است.

الصّلاة ۲۸

رجاء: معرفت و یقین داشتن به لُطف و کرم حق و تـوسعهٔ رحـمت و فضل و احسان او است و اُمید قلبی داشتن به عنایات و عطیّات خُداوند. (۲۸)

۲۸- حصول آرامش و قرب الهی در امتداد امـر یگـانگی مسـتلزم بـازداشتـن عملکرد دستگاههای هیئت انسانی از اعمالی است که خـلاف مسـیر تـحقیق می‌باشند. چون هدف حیات ابدی است، لذا باید همه چیز، همه جانبه در یک جهت باشد و به عبارت دیگر همهٔ ادوات در جمعیت خود استقرار داشته باشند.

وقتی صحبت از «امید» می‌شود، امید به چیزی است که «هست» یعنی خواستهٔ حقیقی انسان باید در ابتدای امر مشخّص و معلوم باشد تا رسیدن بـه آن مـمکن گردد. در زندگی روزمرّه زمانی که از عباراتی نظیر «امیدوارم کـه...» اسـتفاده می‌شود معمولاً این موضوع مبتنی بر جهات مجهول و واهی است و حال آنکـه خواست حقیقی انسان در جهت نیل به این هدف معلوم و شناخته شده بـاید در مسیر اجرائی و در سیر زمان و مکان در جامعیّت خـود شکـوفا، عـرضه و مـملو گردد. به عبارت دیگر در معنای حقیقی امید تعابیر عوامانه که متوجّه به جنبه‌های تصوّری، آرزوئی، احتمالی و قضا و قدر هستند، جائی ندارند.

در این ارتباط می‌توان ملاحظه نمود که هـر چـه خـوفِ گـم شـدن از مسـیر گشایش، در عین آگاهی از آن، که بـازگو کـنندهٔ مـعنای رجـاء است، از دامـنهٔ وسیعتری برخوردار باشد، گسترش آن در جهت رحمانیتِ بسیط خداوند بیشتر بوده و مانع عواملی خواهد گشت که در صـدد حـاکمیّت افـراط و تـفریط در موجودیّت انسان می‌باشند. در اینجا توجّه به این مطلب ضروری است کـه ایـن چنین گشایشی منوط به قرارگرفتن در شرایط متناسب زمانی و چگونگیهای وقوع آن می‌باشد. علاوه بر این، باید دانست که انتظارات و تمایلات فردی در تحقّق این امر نقشی ایفا نمی‌کنند. آنچه لازم است، آمادگی پذیرش روش تـحقیق در کلاس درس و در پی بردن به اصل مورد تعلیم و مورد نظر معلّم بوده، پشتوانهٔ آن

قیل: اَلْخَوْفُ عَدْلُ اللهِ وَ الرَّجاءُ مِنْ فَضْلِهِ. (خوف عدل خداوند است و رجاء از فضل او.)[۲۹]

نیز پافشاری در بکارگیری ادوات بینائی، شنوائی و قوّهٔ دریافت و همچنین عملکرد و اجرای آن اصل در لحظه لحظهٔ زندگی و نهایتاً عرضهٔ همه جانبهٔ نتیجهٔ حاصله به معلّم، آنهم بدون دخالت خوشایندها یا ناخوشایندهای شخصی می‌باشد.

۲۹- مطالب مذکور را می‌توان با بیان موضوع «قدر» تشریح کرد. قبل از اینکه به شرح معنای قدر پرداخته و تطابق عملی وجوه آن را با مطالب فوق‌الذکر دریابیم، لازم به توجّه است که هر قدر گوینده‌ای در جهت عرضهٔ جهات کیفی از وسعت و گستردگی کلام برخوردار باشد، شنونده به آن کیفیت دست نخواهد یافت. حقیقت و یا واقعیّت انسان با خود اوست و چگونگی برداشت او از این واقعیّت، مبتنی بر ضمائر و تحوّلات حسّی، عصبی و نهایتاً مغناطیسی می‌باشد. در حالیکه ادوات نامبرده در جهت تجلّی آن واقعیّت، در قوّت و ضعف، به کارند و واقعیّت او، که همان «قدر» اوست، ثابت بوده و عرضهٔ امکانی نموده است.

«قدر» امری بسیط و لایتناهی است. بنابراین در مراتبِ نازل و با ادوات محدود، قابل رؤیت و برخورد نیست. لازمهٔ مشاهده و برخوردِ واقعی و همه جانبه با معنای حقیقی قدر این است که انسان در حقیقت و واقعیّت این امر قرار گیرد تا آنچه هست، معلوم و آشکار گردد، که این معنای حقیقی عرفان یا شناخت می‌باشد. بدین ترتیب آن «قدر» ناشناخته که «هست» و در معنی پدیدهٔ «شب» نهفته است، در جمعیّت و جامعیّتی که در معنی پدیدهٔ «روز» مختفی است آشکار می‌گردد و قیام حاصل می‌نماید تا در نقطهٔ عطف، که معنای «صبح» می‌باشد و در واقع به معنای «نه گم گشتگی در تاریکیها» و «نه ناپیدائی در شدتها»ست، گشایش همه جانبه یابد.

و قیل: اَلْخَوْفُ نارٌ تُحْرِقُ الْوَسْواسَ وَ الْهَواجِسَ فِی الْقَلْبِ وَ الْخائِفُ مَنْ تَرَکَ الْاَمْرَ وَ هُوَ یَخافُ اَنْ یُعَذَّبَ عَلَیْهِ. (خوف آتشی است که وسواس و هواجس قلب را می‌سوزاند و خائف کسی است که امر را ترک کرده و می‌ترسد که عذاب شود.)

و قیل: حَقیقَةُ الرَّجاءِ الاِسْتِبْشارُ بِوُجُودِ فَضْلِ اللهِ. (حقیقت رجاء استبشار به وجود فضل خُداوند است.)[۳۰]

خوف و نگرانی انسان برای از دست دادن آنچه که وی به ارزشهای آن واقف است، انکارناپذیر می‌باشد. به همین جهت سالک در مسیر استقرار در واقعیّت خود دائماً نگران هدر رفتن وقت خویش است. در واقع خوف سالک به معنای جلوگیری از به هدر رفتن قوّتها در افراط و تفریط است و اینگونه دلشوره، به او اجازهٔ اتلاف وقت را نمی‌دهد.

۳۰- حقیقت رجا یعنی یقین. اگر تحقیق به معنای واقعی آن، همانگونه که قبلاً بیان شد، صورت بگیرد، آگاهی حاصله متوجّه به امر بینائی و شنوائی مطلق بوده، و یقین حاصل می‌گردد. حصول اینگونه یقین متوجّه به ضعفهای ناشی از شخصیّت مجازی انسان، که مبتنی بر تعاریف ساختگی بیرونی است، نخواهد بود. زمانی که یقین در امتداد مرتبه‌ها عرضه گردد، بشارت نام می‌گیرد و آن، تحقّق دایرهٔ امکان در قلب انسان و برطرف کنندهٔ ضعفهاست. در این مرتبه است که انسان قدر حقیقی خود را می‌شناسد، یعنی می‌داند که کیست و به کجا می‌رود. اهل معرفت اینچنین وهله‌ای را در سیر سالک «عید فطر» می‌نامند و آن زمانی است که گره از قلب باز می‌شود.

در ماه مبارک رمضان وقتی انسان واقعاً بر آن نقطهٔ عطف قیام کرده باشد، و از تحوّلات، چگونگیها، افراط و تفریط و تمایلات امساک کرده و به عدل عمل کند

۳۱ الصّلاة

و قيل: اَلرَّجاءُ شَفِيعُ الْـمِحَنِ وَ الْخَوْفُ رَقِيبُ الْعَمَلِ. (رجاء شـفيع اندوه‌هاست و خوف رقيب عمل.)

و قيل: اَلرَّجاءُ قُرْبُ الْقَلْبِ مِنْ مُلاَطَفَةِ الرَّبِّ وَ سُرُورُ الْفُؤادِ بِـحُسْنِ الْوَعْدِ. (رجاء نزديكى دل از لُطف پروردگار است و سُرور دل به حُسن وعده.)

پرهيز
حياء: شرم نمازگزار است در برابر حق بـه جـهت مـعرفت داشتـن بـه معاصى و تقصيرات خود و تقاضاى آمرزش از حضرت او.

قيل: اَلْحَياءُ رُؤيَةُ الآلاءِ مِنَ اللهِ تَعالىٰ وَ رُؤْيَةُ التَّقْصيرِ مِنَ النَّفْسِ. (حياء رؤيت نعمت‌هاست از خداوند و رؤيت تقصير از نفس.) (۳۱)

حقيقت براى او كشف خواهد شد و با اين گره گشايى صبح صادق سرمى‌زند و مقام ولايت، براى او بازشناخته مى‌شود و قلب او مى‌شود جايگاه خدا. تا قبل از آن همهٔ اعمال وى متكى به گفتارهاى مردمى خواهد بود.

۳۱- حيا يعنى پرهيزكردن. زمانى كه انسان به واقعيّتى پى مى‌برد و سعى مى‌كند از عوامل پوشاننده و يا دوركنندهٔ آن واقعيّت پرهيز نمايد، آنچه كه شامل حـال اوست، در كمال صحّت، سلامت و عدل خواهد بـود. در امـتداد اين مـجاهدهٔ درونى، يعنى حياء، توجّه به آنچه ابدى و عامل عـرضهٔ حيات مى‌باشد، و نيز تصفيه و گندزدائى دائمى و دورى جستن از نمودارها ضرورى است. آنچه در اين مسير الزامى و مسلّم است وجود معيار حقيقى، جهت سـنجش و ارزشيابى پديده‌هاى مورد برخورد مى‌باشد. بدين معناكه پرهيز بايستى ضـرورتاً بـا يـقين توأم باشد. در غير اين صورت شكّ و شبهه، دخالت خوشايندها و ناخوشايندها، رجوع به ضوابط و اعتبارات ساختگى و بسيارى عوامل ديگر مى‌تواند مسير

ای عزیز به تأمّلات صحیحۀ باطنی و بکار بردن تمام همّت در اجرای عبادت و یادآوری مرگ در تمام احوال به قوّت ذکر دائم، کعبۀ دل را از نقش ماسَوِیِ الله خالی کن و آن را آمادۀ قبولِ امانت حق ساز و به صفای آئینۀ دل بکوش تا محلّ ظُهور تجلّیات حق گردد. (۳۲)

عملی حفظ واقعیّتی را، که به آن پی برده شده، کاملاً تغییر داده و علیرغم وقوع برخورد حقیقی، جهت این سیر را به رجوع کشفیات دیگران سوق داده و نهایتاً به بیراهه منتهی گرداند. از این رو مجاهده در جهت حفظ آن واقعیّت و در پناه و نظارت معیار حقیقی، یعنی معلّم خدائی، الزامی بوده و در واقع اینگونه مجاهده به معنای مداومت در استقرار و ثبات ارزشهائی است، که از جانب معلّم به سالک تفویض گردیده است.

۳۲- آنچه که در دایرۀ امکان وجود دارد، در نتیجۀ تأمّل، اندیشه و دقّت فکری و باطنی، در دل مؤمن تابش خواهد یافت. اینگونه تأمّل باطنی به جهت برزخها، اکتسابیات و برداشتهای در امتداد خیالات و فعل و انفعالات فکری و حسّی نبوده بلکه قوّتی متوجّه به امر حقیقت می‌باشد. لذا ابدی است و این همان ذکر دائم است که در تعالیم اهل معرفت مورد تحقیق و تأکید قرار می‌گیرد. در این راستا، مرگ به معنای گذر از کلیۀ اموری است که نقطۀ استقرار نداشته و گذرا است. هنگامی که در چنین توجّه و تمرکزی، خواسته‌ها به مراتب نفس و برزخها رجوع نداشته باشند، تزکیۀ باطن در حال تحقّق عملی بوده و آئینۀ دل صفا می‌یابد. بنابراین قبول امانت، در امتداد صفای دل عملی گشته و حفظ آن اجتناب‌ناپذیر خواهد بود. این قابلیّت به معنای آمادگی عرضۀ همۀ قوّتها در کلّیۀ مراتب وجودی است. در اینجا راه بین دل و دماغ روشن شده است بنابراین چگونگی اعمال و صفات انسان متکی بر حقیقت است نه بر شک و شبهه و احتمال. به

فرموده‌اند: لاٰ یَسَعُنی اَرْضی وَ لاٰ سَمائی بَلْ یَسَعُنی قَلْبُ عَبْدِیَ الْمُؤْمِنِ. (زمین و آسمانم گُنجایش مرا ندارد امّا قلب بندهٔ مؤمن من گُنجایش مـرا دارد.)

و قیل: اَلنّاسُ رَجُلاٰنِ عارِفٌ بِنَفْسِهِ فَشُغْلُهُ فِی الْمُجاٰهَدَةِ وَ الرِّیـاٰضَةِ وَ عارِفٌ بِرَبِّهِ فَشُغْلُهُ بِخِدْمَتِهِ وَ عِبادَتِهِ وَ مَرْضاٰتِهِ. (مردم دو گونه‌اند یا عارف بـه نفسند که شغلشان مجاهده و ریاضت است و یا عارف به رب هستند کـه شغلشان خدمت و عبادت و جلب رضایت اوست.)(۳۳)

عبارت دیگر عمل صالح از او سرمی‌زند، یعنی تسلیم در حقیقت.

۳۳- به محض اینکه حقیقت و واقعیّت حیات در انسان واجد نمودار ثابتی گشت، رضای او و بی‌تکلّف و غیر تحمیلی خواهد بود. در این وهله دلشوره و نگرانی او بر این است که مبادا روشنائی و آرامش تحقّق یافته از دست برود، لذا تـلاش و مجاهدهٔ وی در درون خویش برای حفظ آن دائمی و همیشگی است و قیام او در امتداد وجه پرورش دهنده در تسلیم صرف و مصداق «کالمیّت فی یدی الغسّال» است. مطلب قابل توجّه اینکه معرفت یافتن به پرورش دهندهٔ باطنی یا معلّم وجود تنها در هیئت مادّی انسان برای او مقدور است. وقتی معلّم شناخته و تمام مراتب وجودی سالک به دست او پاک شد، تمام همّ سالک بر آن خواهد بود که غفلت نکند و خطائی از او سر نزند.

انسانی که در معرض نسبتها و در حاکمیّت عوامل حسّی قرار گرفته، لازم است خود را ارزیابی نموده و در خود، این امر پرورش دهندگی را جویا گردد. به بیان ساده‌تر از خود بپرسد، آنچه نزد او مقدّس و محترم بوده و در واقع ربّ اوست، کیست، که تمام چگونیهای وجودیش را در امتداد خواست او و به منظور جلب رضایت او شکل می‌دهد؟ پاسخ این سؤال، با توجّه به مطالبی که تـا کنون بیان

عوامل حیات طبیعی را بکار ادامهٔ حیات طبیعی به قدر ضرور و انصاف بگُمار که فرموده‌اند: فَمَنْ لاٰ مَعاٰشَ لَهُ لاٰ مَعاٰدَ لَهُ. (هر که معاش ندارد معاد ندارد.) و همچنین کُلُّکُمْ راٰعٍ وَ کُلُّکُمْ مَسْئُولٌ عَنْ رَعِیَّتِهِ.(۳۴) (هر یک از شما

گردید، بسیار واضح و ساده است: در این محدودهٔ مادّی، فکر اوست.

۳۴- هرگاه انسان در سیر حیاتی خود تحت تأثیر هر عاملی قرار گرفت که وی را از اصل وجودی خویش دور و متوجّه به مراتب سازد، مسئول خواهد بود، یعنی مورد سؤال قرار می‌گیرد. در این راستا عرضهٔ هرگونه نموداری به منظور توجیه اینچنین عملکردی، باطل است. اگر اصل وجودی حاکم بر موجودیّت انسان باشد، حتّی تناسبات مرتبه‌ای نیز کفایت کننده خواهند بود. زمانی که قوّت کلی مطلقه متوجّه به زمان و مکان و نمودارها و ابعاد نبوده و فقط یک مرکزیّت حاکمیّت داشته باشد، وجود انسان در یگانگی و توحید عرضه خواهد گشت، چرا که «وجود بسیط و لایتناهی است.»

هر فردی که بتوان به او اطلاق «انسان» نمود، انعکاس و تجلّی احدیّت است، که بررسی این احدیّت و وسعت، چه در جهان مادّی و چه در عالم لایتناهی مطلق، گویای امر یگانگی و بساطت خواهد بود. به عبارت دیگر، آنچه در هستی هست، در انسان و در محل نقطهٔ ثابت قلب و یا نقطهٔ عطف انعکاس می‌یابد، که محلّ تجلّی امر وجود و عرضهٔ امر جهانی یا مادّی است. این مرکزیّت وجودی که در اشارات انبیاء و اولیاء عالیقدر از آن به عنوان زمین موعود، یا ملکوت خدا و خانهٔ کعبه یاد شده، در دل هر مؤمن مرکز افاضه بوده و مظهریّت آن به صورت مطلق در آنجا ثابت و حاکم است.

«بگمار» یعنی متوجّه شود به این مرکزیّت و نه آنکه با عوامل بیرونی تحریک گردد، به بیان دیگر باید به اصل فطرت متّکی باشد. تا زمانی که اعمال انسان متوجّه به این مرکزیّت باشد، حقیقی و در مسیر آرامش و بقاست و اگر مبتنی بر

شبان هستید و مسئول رعیّت وجود خود.)(۳۵)

اکتسابیات بیرونی و نتیجتاً تکرارها باشد، جز افسردگی و تباهی حاصلی نخواهد داشت. واقعیّت انسان برخوردار از بساطت و هم‌سنخ با آن است، لذا در ارتباط با میدانهای مغناطیسی و الکتریکی کلّ هستی است. بنابراین جهات محدود و یا تکرارها برای او جوابگو نیستند، بلکه رجوع او لزوماً به همان مرکزیّت بسیط می‌باشد که خود در ارتباط با مرکز وجود است. مراکز ذخیرهٔ انرژی یا خازنهای الکترومغناطیسی بدن همچون خازن بین دو ابرو، خازن بصل‌النخاع، خازن مربوط به قشر خاکستری مغز، خازن دنبالچه و نیز حفرهٔ خورشیدی، که هر یک بیانگر مرتبه‌ای از مراتب وجودند، باید به نوبهٔ خود الزاماً در اتّصال و یکپارچگی همه جانبه بوده و مرجعی جز همان مرکزیّت افاضه کننده نداشته باشند.

۳۵- در اینجا شایان ذکر است که نحوهٔ ارتباط خازنها شکلی به صورت عصا دارد و به تعبیری این عصای موسی است که رمهٔ رمیده حواس و قوای انسانی را با هم جمع می‌کند تا شخص در مرتبه‌های مادّی و معنوی در سیر خویش به کار باشد.

این امر میسّر نیست، مگر آنکه رهائی از کلیّهٔ قیود و اسارتهای ساختگی، به معنای استقرار و قیام همه جانبه در عین یگانگی و توحید بر عقدهٔ حیاتی و در خلوت وجودی، تحقّق پذیرد. در این مقام، کشف حقیقی آنچه که واقعیّت انسان و در اصطلاح اهل معرفت «دین» نام دارد، حاصل شدنی است.

تحقّق این واقعیّت، مستلزم اصلاح افعال و فرآورده‌های عادتی در انسان، که خود مبتنی بر ضعفهای اوست، می‌باشد. بنابراین قبل از اقدام به هر عملی باید در ابتدا ملاحظه گردد که ریشهٔ تراوش چگونگی آن عملکرد چیست و از کجا سرچشمه می‌گیرد. عملکردی که متوجّه به ضعفهاست، حقیقی نبوده و نه تنها عادات، قیود و اسارتها را ریشه‌کن نمی‌نماید، بلکه تقویت کنندهٔ آنها نیز خواهد بود. برای مثال هنگامی که شخص به دلیل ضعف خویش پذیرای عادات

و چون به قدر ضرور از تحصیل معاش فارغ گشتی و نفس را از افزون‌جوئی به قناعت مُطیع ساختی (از آنکه رعایت احوال مرکوب برای رساندن راکب به مقصد است) پس قوای باطنی را به خدمت دل وادار و دَرِ دل بر اغیار ببند تا به ذکر حضرت حق اُنس و آرام گیرد. *

ذکر: هُوَ ما یَتَقَرَّبُ بِهِ اِلی اللهِ، فَذِکْرُ الْعَوامِ کَلِمَةُ الشَّهادَةِ اَوْ غَیْرُها وَ

خانوادگی، قومی یا اجتماعی و بعضی از گفتارهای مردمی می‌گردد نمی‌تواند ادّعا کند که حقیقتاً دین دارد، زیرا ریشهٔ چنین پذیرشی توازن و تجربه نبوده بلکه مبتنی بر ضعف، علاقه، نیاز یا ترس است.

راکب، هنگام سوارکاری منتظر نمی‌شود تا ببیند اسب چه می‌خواهد بکند. اگر چه تأمین آب و خوراک برای اسب ضروری است ولی مقصود از آن رساندن سوارکار به مقصد است. وقتی مهار اسب در دست سوارکار باشد خواست اسب عین خواست سوارکار خواهد بود و براساس ارادهٔ او عمل خواهد کرد نه افسارگسیختگی خویش. امّا وقتی اسب، سرکشی کند و سوارکار را به مقصد نرساند اگر چه حرکاتش مشابه حالت قبل است امّا چون این حرکات جهت حقیقی ندارند، جز خستگی حاصلی نخواهد داشت. هنگامی هم که انسان، که باید گویای حقیقت هستی باشد، فقط عادات و رسوم قومی را بدون تجربهٔ حقیقی تکرار کند اعمال و حرکاتش فاقد حقیقت بوده و عملکردش مشابه همان اسبی است که سوارکار را به مقصد نمی‌رساند.

نباید فراموش کرد که دین امری موروثی نیست و همینکه شخصی ادّعای دینداری کرد باید از خود بپرسد آیا گویای حقیقتی است که عرضه کنندهٔ حیات است و یا اینکه چیزی ناشناخته را به ارث برده و با خود حمل می‌نماید که خسته کننده است و فرساینده.

التَّسْبيحاتُ وَ الْاَدْعِيَةُ وَ ذِكْرُ الْخاصَّةِ فَناءُ الذّاكِرِ فِى الْمَذْكُورِ. (۳۶)

۳۶- بنابر تعالیم انبیاء و اولیاء شامخین، انسان تجلّی خداوند است. بدین معناکه از یکسو تا عمق هستی لایتناهی و از سوی دیگر تاکنه جهان مادّی قابل تعریف است. انسان نمودار و مظهر عظمتی لایتناهی و تجلّی احدیّت و یگانگی بسیط است و بنابراین باید هر نوع چگونگی و تحوّل موجود در هستی الزاماً در او واجد مظهریّتی باشد. به بیان دیگر آبشخور یا رنگ‌پذیری تمام مراتب وجودیش باید متوجهٔ زمینهٔ سازنده و پرورش دهندهٔ اوگردد و تدریجاً در امتداد کنشها و واکنشها، معیارهای حقیقی خود را برای سنجش اعمال خویش بازیابد.

مسئولیّت انسان در قبال بکارگیری صحیح این دستگاهها در امتداد امور وجدانی است، چراکه اصولاً فرد مسئول یا مورد سؤال قرارگرفته شده، باید واجد امری باشد تا مورد سؤال قرارگیرد. پس مسئولیّت حیاتی و اصلی انسان، عرضهٔ واقعیّت حقیقت اوست، به دست او و در خود او، و این همان تجلّی اصل وجودی یا هستی در عقدهٔ حیاتی قلب، یعنی مرکزیّت افاضه کنندهٔ وجود انسان است.

در این راستا، آگاهی در امتداد مرتبه‌ای که انسان در آن قرارگرفته، نسبت به کلیّهٔ اموری که برای او جمعیّتی را سبب می‌گردد، ایمان نام می‌گیرد. اگر برخورد با پدیده‌ها درکثرت باشد، «بسط» و در صورتی که در جمعیّت باشد، «قبض» است. همانگونه که قبلاً نیز ذکرگردید، شرط اوّل ایمان علم است و در این ارتباط قوانین به منظور اجرا جهت تحقّقی به خود می‌گیرند. بدین معناکه تحقّق واقعیّت ایمان، در پی عمل عالمانه و مبتنی بر قانون است. هنگامی که اطّلاعات سطحی، مسیر اجرائی به خودگرفته و در امتداد جامعیّت، جهات مملوکنندگی را عرضه می‌نمایند، علم جهت و وسعت یافته و در پی آن ایمان، تحقّق عملی می‌یابد. همانطورکه پیش از این نیز اشاره شد، ایمان ثمرهٔ یقین است و حصول آن مستلزم

الصّلاة   ٣٨

(ذكر آن است كه شخص به وسيلۀ آن به خُداوند تقرّب جويد پس ذكر
عوام اداى كلمۀ شهادت است يا غير آن از تسبيحات و دعاها و ذكر خاصّه
فناى ذاكر در مذكور است.)^(٣٧)

عبور از مرتبۀ يقين مى‌باشد و اين زمانى تحقّق‌پذير است كه تمام چگونگيها و
مراتب وجودى انسان، كه رعاياى او مى‌باشند، خواست خود را، بدون هيچگونه
قيد و شرطى، از مسئول خود، كه در نقطۀ عطف وجودى است، طلب نمايند. اين
خواست حقيقى است، زيرا عين مشيّت است.

«پس قواى باطنى را به خدمت دل وادار و در دل بر اغيار ببند» يعنى خلوت و
منظور آن نيست كه انسان در را به روى خود ببندد. خلوت، زمانى است كه
موجوديّت انسان از نازلترين تا عاليترين مرتبه آن، خالى از هرگونه تمايلى به غير
از خود بوده و قيامش بر عقدۀ حياتى باشد و اين قرب است. در خلوت دل، يعنى
در جمع باشد تا اصل فطرتى كه در آنجا هست بازشناخته شود. زمانى كه قلب از
تضادها و اغيار پاك شد، آنچه هست فطرت است كه بسيط و مركز هستى و
لايتناهى است.

«تا به ذكر حضرت حقّ انس و آرام گيرد» يعنى در كمال توازن وجودى و
آرامش دل و در سكنى استقرار يافته باشد، و اين معنى حقيقى خلوت است.
٣٧- تصوّر عوام بر اين است كه به وسيلۀ ذكر مى‌توان به خدا نزديك شد. امّا خدا
كجا نيست و چه كسى از خدا دور است؟ معناى حقيقى ذكر، قيام بر اصل
مظهريّت است كه جهت اجبارى و يا تمايلى ندارد، بلكه خودگوياست.
تظاهرات، نمودارها و حالات در اين قيام بر اصل فطرت نقشى نداشته و چون
متوجّه به مركزيّت وجودى مى‌باشد، لذا جهت ارثى، تكرارى و تفنّنى ندارند.
نزديكى يا قرب به خدا در واقع شكست حد در بى حدّى و پشتوانۀ آن عشق و
جذبه است. به عبارت ديگر عاشق، فناى معشوق است. هرچه از او سر مى‌زند،

قیل: سُبْحانَ مَنْ جَعَلَ قُلُوبَ الْعارِفینَ اَوْعِیَةَ الذِّکْرِ وَ قُلُوبَ الزّاهِدینَ اَوْعِیَةَ التَّوَکُّلِ وَ قُلُوبَ الْمُتَوَکِّلینَ اَوْعِیَةَ الرِّضا وَ قُلُوبَ الْفُقَراءِ اَوْعِیَةَ الْقَناعَةِ وَ قُلُوبَ اَهْلِ الدُّنْیا اَوْعِیَةَ الطَّمَعِ. (منزّه است آنکه دلهای عارفان را ظرف ذکر و دلهای زاهدان را ظرف توکّل و دلهای مـتوکّلین را ظرف رضا و دلهای فُقرا را ظرف قناعت و دلهای اهل دنیا را ظرف طمع قرار داد.) ^(۳۸)

متوجّه به معشوق است و از خود خواستی ندارد. به زبان ریاضی می‌توان گفت که وقتی فاصله صفر بوده و سرعت مطابق با سرعت نور باشد، فنا معنا پیدا می‌کند که این در اصطلاح اهل معرفت «ذکر خاصه» نام دارد.

«قرب» چنانچه پیش از این ذکر شد به معنای یگانگی است و نه نزدیکی یـا مجالست که در تعابیر عوامانه مورد بررسی قرار می‌گیرد. قرب هنگامی است که کلّیۀ زمینه‌ها سالم بوده و قانون حقیقی وجود را عرضه می‌نمایند و در واقع هـر چیز که غیر آن است، از میان برداشته شده و همۀ هویّت انسان متوجّه به مرکزیّت قلب می‌باشد. به عبارت دیگر آنچه که انسان در امتداد کلّیۀ نمودارها و تحوّلات الزاماً باید عرضه نماید، جامعیّتی است که واجد آن است و نه تظاهرات و نیازها و تناسبات ذهنی و بیرونی. تحقّق این جامعیّت، مستلزم رجوع و توجّه به مرکزیّت افاضه‌کنندۀ وجودی است که اصطلاحاً، همانگونه که قبلاً نیز بیان شـد، مشیّت نامیده می‌شود. بنابراین به منظور تأکید در حاکمیّت امر مشیّت، لازم است کـه جامعیّت و احاطۀ آن مورد پیگیری و تحقیق قرار گیرد. در اینجا مجدّداً یادآوری می‌گردد که نماز به معنای دعا، نیاز و خواست، هنگامی که متوجّه به نقطۀ عـدل وجودی باشد، همان مشیّت است. به بیان دیگر قرب در امـتداد تـجرید بـوده و هنگامی حاصل شدنی است که میل هرگونه خطاکاری از انسان سلب گردد.

۳۸ـ عارف آنچنان شخصیّتی است که همه چیز نزد او جهت مـعرفت داشته و

ارکان خدمت نزد اهل باطن چهار است: عبادت در حضرت حق، دلی مُوحّد، زبان راستگو، عمل صالح. تو بندگی چو گدایان به شرط مُزد مکن. (۳۹)

قالَ عَلِیٌّ عَلَیْهِ السَّلامْ: ما عَبَدْتُکَ اشْتِیاقاً اِلیٰ جَنَّتِکَ وَ لا خَوْفاً مِنْ نارِکَ

ثبات در او امری فطری است. زاهد کسی است که سعی بر اجرای قوانین دارد و گرچه به خالق معرفت ندارد، ولی اعمالش از او دور نیست. اعمال و چگونگی‌های اهل دنیا در تناسب با مسائل بیرونی و ظاهری است. بنابراین خواسته‌های آنها ارضا شدنی نبوده و تمایلاتشان دائماً در تغییر است.

۳۹- عبادت یعنی بندگی و حضرت یعنی محلّ حضور، جمعیّت و ظهور. بنابراین «عبادت در حضرت حق»، یعنی کلّیهٔ آنچه که از بنده سر می‌زند متوجّه به مرکزیّت افاضه کنندهٔ وجودی او باشد مانند دست انسان که اختیاری از خود ندارد و حرکتش متوجّه به خواست صاحبش است.

«دلی موحّد» اشاره به آن وهله‌ای دارد که دل سالک، تسلیم امر وجود بوده و در یگانگی محض است و آنچه از او سر می‌زند متوجّه به توازن وجودی است. در واقع هستی او انعکاسی از تجلّی حق می‌باشد و این، مقام آدمیّت و ولایت است. بنابراین مراتب وجودی او در مسیر امر هدایت، چه در جهات مادّی و چه در جهات لطیفه، سیر نموده و مبرّا از هرگونه تمایل، انحراف، خطا و زیاده‌طلبی است.

«تو بندگی چو گدایان به شرط مزد مکن» بیانگر ضعف، علاقه و تناسبات مادّی و انتظار مزد در قبال انجام کاری یا خدمتی است که متناسب با میزان قدر و ارزش آن باشد. مثلاً وقتی دانش آموزی دوازده سال درس می‌خواند و انتظار دریافت دیپلم دارد که آن را هم به دست می‌آورد این دو در تناسب است.

بَلْ وَجَدْتُکَ اَهْلاً لِلْعِبَادَةِ فَعَبَدْتُکَ. (ترا به شوق بهشت و یا ترس از آتش عبادت نکردم بلکه ترا شایستهٔ عبادت یافتم پس آنگاه عبادت کردم.)

به هوسِ کس به وصلِ حق نرسد.

عارف کامل، شیخ بهاءالدّین مُحمّد عاملی از مُریدان شیخ محمّد مؤمن سبزواری در این معنی گفته:

نـزد اهـل دل بـوَد دیـن کـاسـتن
در عـبادتْ مُـزد از حـق خـواسـتن

رو حــدیـث مـا عَـبَدْتُکَ ای فـقیر
از کـلامِ شـاهِ مـردان یـاد گـیر

چشـم بـر اُجـرِ عـمل از کـوری است
طـاعـتْ از بـهر طـمع مُـزدوری است

خـادمانِ مُـزدگیرند ایـن گـروه
خـدمتِ بـا مُـزد، کـیْ دارد شکُـوه؟

عابدی کـو اُجرتِ طاعات خواست
گر که عابد می‌نهی نامش خطاست (۴۰)

_____

۴۰- تمایلات و خواسته‌های متلوّن، متوجّه به ضعفهاست و هرگاه ضعف، حاکم باشد، تناسبات اجتماعی و داد و ستدهای مادّی، حاکمیّت خواهند داشت. به عبارت دیگر، عملکردها در مراتب مادّی و عکس‌العملهای مقطعی، همواره در امتداد اکتسابیات و مبادلات اجتماعی است. حال آنکه، حاکمیّتِ بینائیِ مطلقْ در

ابوسُلیمان داود بن نصیر طائی از مریدان حبیب راعی گوید: اِنْ اَرَدْتَ
السَّلامَةَ سَلِّمْ عَلَی الدُّنْیا وَ اِنْ اَرَدْتَ الْکَرامَةَ کَبِّرْ عَلَی الْآخِرَةِ. (اگر سلامت
خواهی ترک دُنیا گوی و اگر کرامت خواهی به آخرت تکبیر گوی.) از آنکه
هر دو در طیّ طریق حجابند.

انسان را دلی است خاصٍّ توحید حق تعالیٰ و لسانی خاصّ شهادت و
جوارحی مخصوص عبادت و او را در عبادت از رعایت چهار امر چاره
نیست: علمی که او را از خطا بازدارد و ذکری که مُجالس و مُونس او باشد
و فکری منزّه و مستقیم که هم قدم سیر او بُوَد در سُلُوک و زُهدی که به ترک
ماسوی الله گوید. تجرید: وقتی که حقیقتِ انسان کارِیزْ را باشد، در واقع تربیت
تزکیه کامل است.

تجرید: هُوَ اِحاطَةُ الْوَرَعِ عَنِ السِّرِّ فَتَجریدُ الْفِعْلِ عَدَمُ رُؤْیَتِهِ وَ تَجریدُ
الْقَصْدِ الْخُرُوجُ عَنْ قَیْدِ التَّعَلُّقاتِ وَ خُلُودُ النَّفْسِ وَ تَجریدُ اَهْلِ الْوُصُولِ عَنِ
السُّکُونِ اِلیٰ غَیْرِ اللهِ. (تجرید احاطهٔ وَرَع است از سِرّ، پس تجریدِ فعل، عدم
رؤیت آن و تجرید قصد، خُروج از قیدِ تعلقات و بقاء نفس، و تجریدِ اهل
وُصول از سکون به خُداوند است.) (۴۱)

انسان که همان استقرار در حقیقت توازن وجودی است، متأثّر از تحوّلات سلّولی
و جهات نسبی و تصوّری، که در اصطلاح «کوری» نامیده می‌شود، نمی‌باشد.
۴۱- توجّه سالک همواره بر چگونگی عملکردش می‌باشد و هیچگاه از این
مطلب که قیام او بر چیست و در چه امتدادی است، غفلت نمی‌ورزد. در صورتی
که تضادّی در چگونگی اعمال و حاکمیّت موجودیّت او وجود داشته باشد، از
مسیر یگانگی و توحید که هدف اصلی اوست، دور افتاده و ضایعات، صدمات،

الصّلاة

نشان تجرید [42] جُدایی دل است از غفلت، و نفس از هوس، و زبان از

تحوّلات و گمراهی عاید او خواهندگشت. لذا تلاش و مجاهدهٔ او در تـوجّه بـه اصل وجودی و مرکزیّت افاضه کننده بوده و در پاک کردن، کناره گیری، آراستن و بالاخره تزکیه از هر چیز بی‌فایده، در مسیر امر مطلق می‌کوشد، که ایـن هـمانا تحقّق معنای واقعی تجرید است. در این راستا، آن چگونگی کـه بـا اوست، در عین خلوص به کار آمده، طوری که موجودیّت او از تمام قیود، عادات، آلودگیها و غبارها که در امتداد داد و ستدهای سطحی، او را بـه اغتشاش و نـاهماهنگی واداشته، خالص و جدا می‌گردد و این عملکردهای ضروری برای آماده سازی به منظور پذیرش است. پذیرش به معنای ظهور امرِ «بـود» در هـماهنگی نـیروها، جواذب و فعل و انفعالات شیمیائی و فیزیکی است که گرچه ضروری نیست ولی «هست». هنگامی که عوامل مجازی خودساخته و داد و ستدهای سطحی به کنار رفتند، صحّت و سلامتی عرضه خواهد گردید و در اینجاست که اطاعت و عشق می‌توانند در آزمایشگاه وجود انسان حقیقتاً مورد تجربه قرار گیرند.

۴۲- باید توجّه داشت که تجلّی هر نموداری در هستی لایتناهی، در امتداد رجوع به مرکزیّتی است که با آن نمودار هست. نتیجتاً تـحوّلات مـرتبه‌ای و تـظاهرات متفاوت نیز متوجّه به همان مرکزیّت است. در واقع تـنها چیزی کـه هست، ایـن مرکزیّت ثابت است و قابلیّت وکشش عرضهٔ نمودارها نیز متأثّر از حاکمیّت همین امر می‌باشد. آنچه که در انسان مورد تعلیم است، استقرار او در مرکزیّت مطلق و واقعیّتی است، که با او «هست».

تجرید زمانی واقع می‌شود که آن حقیقتی که با انسان هست کارگزار باشد. اگر قرار باشد یگانگی و توحید حاصل شود الزاماً باید آنچه که در مـرتبه‌ها نـمودی پیدا می‌کند و تأثیر دهنده است یا تمایلات را ایجاد می‌کند، پاکسازی شود. تمام آلودگیها، غبارها و وابستگیهایی که در طول زمان، در امـتداد مـصرف و داد و

الصّلاة

لغو. (۴۳)

تفرید: هُوَ شُهُودُ الْحَقِّ وَ لاٰ شَیْئَ وَ هُوَ فَنَاءُ الشّاٰهِدِ فِی الْمَشْهُودِ. (تفرید شهود حق است و دیگر هیچ و آن فناء شاهد است در مشهود.) (۴۴)

ستدها ذرّه ذرّه جمع شده، باید پاکسازی شود.

معنای حقیقی «دین» نیز استقرار آگاهانهٔ انسان در این واقعیّت است. حضرت شاه مقصود عنقا نیز فرموده‌اند: «اوّل بدان که کیستی بعد ببین که ضرور تو چیست.» به همین دلیل رجوع انسان محقّق باید همواره در توجّه به حاکمیّت مرکز اصیل و ثابت وجودش باشد تا از غفلت و اغتشاش ناشی از داد و ستدها و کنش‌ها و واکنشهایی که در سطوح کار انجام می‌دهند در امان مانده و آنچه که می‌بایست، در او محقّق گردد. هنگامی که چنین تجربه‌ای نصیب سالک گردید، تـنفّس در عوالم سالم و لطیف برای او میسّر گشته، معنای آرامش را خواهد دانست.

۴۳- «لغو» یعنی بیهوده و آنچه که جهات سازندگی و خلّاقیّت را در برنمی‌گیرد و هویّتی را واجد نیست. به همین دلیل انسان باید همواره در مطالعهٔ اعمال خویش باشد و آنچه را که از او سر زده ارزیابی کند تا بداند هیچ کدام از مسائل فکری و داد و ستدهای گذرای او، جنبهٔ سلامتی را برای او دربر ندارد بـلکه سـردرگمی، ناآرامی، وابستگی، تمایلات و عادات را تشدید می‌کند.

۴۴- «گوشه‌گیری» یا تفرید در تحقّق اصل یگانگی در چگونگی واقعیّت امر نفی و یا به عبارتی «لا» ضروری است. گوشه‌گیری نیز به معنای مُشرف بودن و قرار گرفتن در رأس است یعنی آن مرکزیّتی که همهٔ امور در آنجا خلاصه می‌شود و عرضه کننده است. در عین کثرت ولی یگانه.

مقام تفرید در احاطهٔ قوای حیاتی بوده و فنای شاهد در مشهود و یا عاشق در معشوق می‌باشد که نتیجتاً شهادت یا امر بینائی و بـالاخره عشق تـحقّق عـینی و عملی می‌یابد. یعنی انسان معشوق پیدا می‌کند. قلب خـانهٔ خـدا است، بنابراین

لمؤلّفه:

غوّاص حق چو خواهد ره بر شهود یابد

گو شو فناء مُطلق در قُلزُم شهادت

ای سالک سعادت بر محشر قیامت

ترسم که ره نیابی بی قامت قیامت

ای عزیز! هر مُظهَری را مُظهِری است که هُوَ الْاَوَّلُ وَ الْاٰخِرُ وَ الظّاهِرُ وَ الْباطِنُ. باطن وجود، یگانه است و ظاهر مُتکثّر به موجودات. اگر چشم سَر و سِر نظاره‌گر توحید حقیقی کنی شرک و دوئی از میانه برخیزد کـه: کُلُّ شَیْءٍ هالِکٌ اِلّا وَجْهَهُ. (سورۀ ۲۸ قصص / آیۀ ۸۸). و این حقیقت، سالک را مُحقَّق نگردد مگر آنکه در مُشاهدۀ مخفی و خَفی و اخفیٰ فانی حق گردد و سَر مُوئی از انانیّتش در حضرت احدیّت باقی نماند.

قال ذوالنّون المصری: اَلْعارِفُ کُلَّ یَوْمٍ اَخْشَعُ لِاَنَّهُ فی کُلِّ ساعَةٍ اَقْرَبُ. (عارف هر روز خاشعتر از پیش است زیرا که او هر ساعت نزدیکتر است.)

و آنچه گفته شد در اقامۀ صلوة منظور و شرط صحّت نماز است.

پیش از اقامۀ نماز اعمالی که حاوی دقایقی باطنی است برحسب سنّت حضرت رسول اکرم صَلَّی الله عَلَیْهِ وَ آلِهِ وَ سَلَّم باید بجا آورده شود کـه

انسان باید به قلبش رجوع کرده و معشوق را در آنجا ببیند. فرمایش امیرالمؤمنین است که وقتی از ایشان پرسیده می‌شود: خدا را دیده‌ای؟ می‌فرمایند: نادیده را که انسان نمی‌پرستد.

مقدّمات نماز نامیده می‌شود. (۴۵) يَقُولُ بَعْضُ اَهْلِ الْمَعْرِفَةِ: اِغْسِلُوا اَرْبَعاً بِاَرْبَعٍ: وُجُوهَكُمْ بِماءٍ، اَعْيُنِكُمْ وَ اَلْسِنَتَكُمْ بِذِكْرِ خالِقِكُمْ وَ قُلُوبَكُمْ بِـخَشْيَةِ رَبِّكُمْ وَ اَبْدانَكُمْ بِالتَّوْبَةِ اِلَى مَوْلیكُمْ. (چهار چیز را با چهار چیز بِشویید: روی خود را به اشک دیدگان، و زبانتان را به ذکر آفریدگار، و دلهایتان را به خشیت پروردگار، و بدنهایتان را به بازگشت به مُولای خود.)

وَ قالَ اَهْلُ الْمَعْرِفَةِ: اَلصَّلوةُ اَرْبَعَةُ اَشْیاءَ: اَلشُّرُوعُ مَعَ الْعِلْمِ وَ الْـقِيامُ مَعَ الْـحَياءِ وَ الْاَداءُ مَعَ التَّعْظِیمِ وَ الْخُرُوجُ مَعَ الْـخَوْفِ. (نـماز چهار چیز را

۴۵- زمانی می‌توان از حقیقت سنّت سخن به میان آورد که معیاری پاک و همه جانبه و نه معیارهای ساختگی و نه جهات عادتی و تقلیدی یا تکراری مردمی بر عملکرد انسان حاکم شوند؛ اینگونه عملکرد متوجّه به جهات فطری انسان بوده و نه صرفاً افعال ظاهری، لذا همه جانبه و درون جوش است. در این صورت هنگامی که نموداری مبتنی بر این خصوصیّت بارز گردد عین مشیّت و هم موج با اصل وجودی است. این امر زمانی تحقّق پذیر خواهد بود که هدف برای انسان شناخته شده و مشخّص باشد. فرمایش خداوند در قرآن کریم که: «وَ لا تَقْفُ مـا لَيْسَ لَكَ بِهِ عِلْمٌ» (از قفای آنچه بدان علم نداری نرو) نیز در امتداد همین طلب است. بنابراین علم، شرط اوّل است در غیر این صورت حصول بـه مـقصد امکان‌پذیر نیست. باید توجّه داشت که منظور از علم، مخلوط نمودن تعاریف و تعابیر اجتماعی و برداشتهای مردمی و همچنین ارزیابی و تجزیه و تحلیل آنها که صرفاً پاسخگویی به نیازها و ضعفهای فردی و مقطعی است، نمی‌باشد. پذیرش و یا عدم پذیرش مطالب در این امتداد نیز متوجّه بـه تـحوّلات ذهـنی و جهات ارضائیه شخصی بوده که واجد ارزش حقیقی نخواهد بود.

الصّلاة ۴۷

داراست شروع با علم، و قیام با حیاء، و اداء با تعظیم، و خروج با خوف.)(۴۶)

۴۶- شرط اوّل جهت اقامهٔ نماز، علم است. اگر همهٔ مسائل قومی، اجتماعی یا طبقه‌بندیها و قراردادها را در نظر بگیریم ـ با فرض اینکه واجد ارزشی باشند ـ همهٔ آنها باید به عنوان مقدّمه در نظر گرفته شود. همچنین شرط اوّلِ عملکردِ مبتنی بر علم، رجوع همه جانبه به اصل فطرت می‌باشد. بنابراین برای نمازگزار، وقوف و آگاهی فطری به معنای حقیقی قوّتها و مملو گشتن تمام مراتب وجودی از آنها امری ضروری است. به عبارت دیگر کلّیهٔ مراتب وجودی نمازگزار باید در امتداد میدان پرورش دهنده، هم موج، متوازن و منظّم شده باشند. مانند کودکی که تمام موجودیّتش، از مادّه تا مجرد، متأثّر از میدانهای حیاتی پدر و مادر است و در واقع چون او، فانی است، رشد و پرورش پیدا می‌کند.

تا زمانی که ربّ انسان مغز او ـ که ساخته و پرداختهٔ اکتسابیات قومی، اجتماعی و خیالی است ـ باشد، قوّتها هیچگاه بصورتی همه جانبه در او مملو نشده و واقعیّت علم در او تحقّق نمی‌یابد. بزرگترین مانع در این راستا، محصور و مقیّد ماندن به تصوّرات و استنباطاتی است که انسان برای خود ساخته و به آنها پرداخته و او را در خودخواهیها و خودپسندیهایش گرفتار نموده است، بطوری که خیال دانائی بر او مستولی گشته و از حصول معرفت حقیقی محروم می‌ماند. رفع چنین مانعی مستلزم وقوف انسان در ابتدائی ترین قدم به «هستی» خود است. منظور از هستی در اینجا تعاریف و احکام دیگران در زمینه‌های فکری او نیست، بلکه آگاهی به اصل وجودی و مرکزیّت حقیقی در خود اوست که بروز نمودارها و ابعاد و بالاخره کلّیهٔ موجودیّت او را باعث گردیده است. لازمهٔ پی بردن به این هستی، همانگونه که بیان گردید، استقرار در ارادهٔ حقیقی، بدون دخالت خلق و خو، خواسته‌ها، هوسها و منطقهای ناشناخته و بی‌محتوی است. بنابراین از

الصّلاة ۴۸

و از جُمله مقدّمات نماز طهارت و رفع آلودگیها، ستر عورت، شناختن قبله، غصبی نبودن مکان نمازگزار و شناختن وقت نماز است.

اقامهٔ نماز^(۴۷) توأم با اعمال جوارح و اذکار قلبی و لسانی است که واجبات

لحظه‌ای که انسان به هستی خود پی برد، باید رفع اضافات کرده و گندزدائی، لایه به لایه در او آغاز گردد و سپس ادوات صحیحی را که خود واجد آنهاست، نظم داده و سر جای خود قرار دهد. مسلّماً چنین مجاهده‌ای باید بی‌وقفه انجام شده و سالک لحظه‌ای از تلاش در این مسیر غافل نماند تا ذرّه ذرّه قوای حقیقی او در جهت تمرکز وجودی فعّال گشته و دستگاهها و دستگاهها، ماورای ابعاد فرضی و ساختگی، کارآئی نهائی خود را عرضه نمایند.

۴۷- تعلیم اسلام، آزادگی است و این به معنای تحقیقی بودن امر دیـن، یعنی واقعیّت انسان می‌باشد. هنگامی که معیار افعال انسان متوجّه علم و جهات حقیقی گشت، وسعت و بساطت، موجودیّت او را در بـر خـواهـد گـرفت و شـخصیّت حقیقی او تجلّی خواهد نمود. بدین ترتیب بی‌نظمی‌ها، تزلزلها، بی‌برنامه بودنها و بطور کلّی تمام بی‌تعادلی‌های او به تدریج منظّم و متعادل گشته و در مسیر هدف حقیقی و فطری او عمل خواهند کرد. در حقیقت هر چیزی کـه در امـتداد هـم موجی با امر فطرت نبوده و زیربنای علمی نداشته باشد آلودگی است. انتشار این آلودگی باعث حاکمیّت بی‌تعادلی در انسان می‌گردد، طوری که فعلش بر معیار حقیقی و صحیح نمی‌باشد و لذا باید پاکیزه و پوشیده شود کـه طـهارت و سـتر عورت اشاره به این معناست.

همانگونه که تا به حال اشاره گردید شرط حصول قرب یا تحقّق امر توحید، عرضهٔ همه جانبهٔ هماهنگی و هم موجی با اصل فطرت است. در این امتداد توجّه به هر عامل اضافی به جز نقطهٔ ثابت و معیار سنجش حقیقی، آلوده کننده و مانع است که باید از نمازگزار پاک گردد و این مـعنای طـهارت است. در غیر ایـن

یا مُقارنات نماز نامیده می‌شود ^(۴۸) و آنها: نیّت، تکبیرة الاحرام، قیام،

صورت، ناهنجاریها و بی‌تعادلیها را شدّت خواهد بخشید. بدین ترتیب مجاهدهٔ نمازگزار در جهت جلوگیری از تأثیر پذیری از کلّیهٔ عواملی است که او را از اصل دور و به فرع متوجّه می‌سازد. پرهیز از خطاهای بدیهی، نفی امور غیر حقیقی و توجّه و تمرکز در پذیرش امور حقیقی، گشایش قید و بندهای ساختگی را در نمازگزار میسّر ساخته و موجودیّت او را در مسیر تزکیه و طهارت همه جانبه استوار می‌سازد. به موازات آن، با جلوگیری از ورود عوامل آلوده کننده، هم اعمال و هم جوارح نمازگزار در مسیر سلامتی قرار می‌گیرند و بالنّتیجه همهٔ فعّالیّتها در جای خود خواهد بود. به بیان دیگر ذرّه ذرّه نظم و تعادل در وجود او حاکم و مستقر خواهد گردید، طوری که برخوردها و مشاهداتش گویای این امر می‌شود. در این مرتبه، نمازگزار تازه ایمان آورده است و مسلّماً تلاش او تا تحقّق معنای مؤمن ضرورتاً باید ادامه پیدا کند. مرتبهٔ مؤمن، مرتبه‌ای است حقیقی، که باید با عملکرد مبتنی بر آگاهی و دانایی در انسان به وقوع بپیوندد و صرفاً به کار بردن اصطلاح آن، واجد ارزش حقیقی و معنای واقعی نیست.

مکان نمازگزار نباید غصبی باشد، بدین معنا که هیچ گونه نموداری جز مشیّت و اصل فطرت نباید دخالتی در اقامهٔ نماز داشته باشد. ورود ذوقیّات، تمایلات، افکار و تصوّرات در امر جامعیّت و همچنین کلّیهٔ نمودارهایی که در مراتب محدود دارای تظاهری می‌باشند، حکم غصب را دارند. بنابراین حضور همه جانبه الزامی است.

۴۸- باید توجّه داشت که قانون شرع در راستای اوقات نماز، ضروری و نه اجباری است و در حقیقت ارزیابی مراتب انسانی، در تطابق با آن اوقات صورت می‌پذیرد. در اصطلاح اهل باطن، زمان و ساعت تنها به تقسیم بندی‌های قراردادی و محدود، که منحصراً براساس وضعیّت سماوی خورشید و زمین

قرائت، رُکوع، قیام مُتّصل به رکوع، سجده، تشهّد و سلام است.

تعیین گردیده، ارتباط ندارد، بلکه اشاره و رجوع به هنگامی است، که نمازگزار در نقطهٔ عدل خود مستقر گشته و موجودیّت او تا لایتناهی، همه بر اصل وجودیش قیام نموده است. وقوف به این واقعیّت، مستلزم عملکرد همه جانبه‌ای است که انسان در مسیر اجرائی آن، در زمان بسیار کوتاه به آنچه که «او»ست، دست خواهد یافت، در غیر اینصورت چند صباحی هستی (افراط) و سپس نیستی (تفریط) عرضه می‌گردد.

در مراتب اوقات نماز، نقطهٔ عطف، یعنی چگونگی عرضهٔ انسان در مراتب وجودی مورد نظر است. سیر دائمی انسان از یک نمودار به نمودار دیگر و از یک مرتبه به مرتبهٔ دیگر، همانند مراتب جنینی، تولّد و مرگ می‌باشد. بنابراین از آنجاکه در این سیر، اتّصال و پیوستگی حاکم است، در رابطه با تحقّق قرب به خدا نیز وقفه و سکون جایز نیست، زیرا سکون منجر به رسوب اضافات و تضادها و فعل و انفعالات ناشی از آنها که آثار گذشتگان می‌باشند، خواهد گشت. استاد عالیقدر عرفان حضرت مولانا المعظّم شاه مقصود پیر طریقت اویسی فرموده‌اند: «آنان که در گذشته‌اند، درگذشته‌اند.» و اینکه گفته شده: «صوفی ابن الوقت است» به معنای آن است که تمام حالات وجودی وی مبتنی بر نقطهٔ عطف بوده و بنابراین امکان عرضه و پرورش حقیقی آنچه از او سر می‌زند، حتمی است. به بیانی دیگر پیوستگی در عبادت، که همان تحقیق در مسیر علم وجودی است، ضروری بوده و مستلزم عرضهٔ ثبات قدم در پرورش و گسترشی است که باید عملاً از نمازگزار سر بزند. بطور کلّی اوقات نماز متوجّه به دانائی و آگاهی و همچنین سمبلی جهت عرضهٔ حقیقت حیاتی در امتداد امر هدایتند طوری که کلّیهٔ قوای متّکی به دانائی در جمعیّت خود وسعت حاصل نموده و نتیجهٔ آن، اصلاح تصوّرات و حصول آگاهی نسبی است، که اصطلاحاً «علم الیقین» نامیده می‌شود.

قالَ اَهْلُ الْحَقيقَةِ: اَلصَّلوةُ هِيَ التَّوَجُّهُ بِالْكُلِّ اِلى مَنْ لَهُ الْكُلُّ. (نماز توجّه كلّى است به آنكه كُلّ، مخصوص اوست.)(۴۹)

۴۹- تناسب همه جانبه در مسير تحقّق اصل جامعيّت امرى ضرورى است. بنابراين به منظور اينكه امر سلامت مطلقاً حاكم بر موجوديّت انسان باشد، حفظ ارزشها از كورانها و انقلابات در كلّيّهٔ اين مراتب الزامى است و اين به معناى پوششى است كه كلّيّهٔ فعل و انفعالات بيرونى را نظم مى‌بخشد. پوست بدن انسان نمونه‌اى از اين پوشش است تا تمام نمودارهاى مرتبه‌اى در يك جهت عرضه گردند. از سوى ديگر، پوشش وسيله‌اى است براى پوشاندن عيبها، ناهنجاريها و افسار گسيختگيها، طورى كه نمازگزار بتواند با تلاش و مجاهده، خود را تحت پوشش اين حجاب حفظ نموده و از هجوم مزاحمتهاى فكرى، ذهنى، عصبى و غيره در امان بماند. يك وجه عالى تر پوشش، قرار گرفتن تحت پوشش امر تعليم يا به عبارت ديگر استقرار در مسير جامعيّت و جهت مركزيّت وجودى است. همانگونه كه قبلاً بيان گرديد، هنگامى كه كلّيّهٔ زمينه‌هاى لازم به منظور پذيرش امر تعليم از جانب سالك عرضه و جهات پرورشى در او فعّال گرديدند، حفظ ارزشهاى حقيقى توسّط نيروى بازدارندهٔ قويترى كه متوجّه به مركزيّت حياتى است، ميسّر مى‌گردد.

اقامهٔ نماز به معناى تحقّق مشيّت الهى است و حقيقتى است كه موجوديّت انسان را از ناسوت تا ملكوت در برمى‌گيرد و واجد است. اين امر زمانى واقع مى‌شود كه توجّه نمازگزار همه جانبه به مركزيّت افاضه كنندهٔ وجودى يا بنيادى و نهادى او باشد. در اين وهله، استقرار در معناى حقيقى هستى انسان، منجر به قيامى مى‌شود كه مستقل از تحوّلات گذشته و انقلابات آتى اوست. بدين معنا كه او در تمام دقائق، بصورتى يكپارچه و متّحد بر آنچه كه هست قائم و استوار است. به عبارت ديگر انسان در كلّيّهٔ مراتب وجودى از نازلترين تا عاليترين آنها بر اين اصل قيام

و قیل: اَلصَّلوٰةُ هِیَ الْاِعْراضُ عَمّاسِوَی اللهِ تعالیٰ وَ التَّوَجُّهُ اِلیٰ رِضـاهُ. (نماز همان اعراض است از غیر خدای تعالی و توجّه به رضای او.)

هر یک از اعمال و اذکار مذکوره چنانچه گفته شد علاوه بـر صُـورت ظاهر دارای معنا و روحانیّتی است که مُتضمِّن عُرُوج مُصلّی بـه مـدارج عالی حیاتی و وصول به مَلأ اَعلیٰ و قرب به حضرت باری تعالیٰ می‌باشد. در معنی قرب گفته شده: اَوَّلُ رُتْبَةٍ فِی الْقُرْبِ طاعَتُهُ وَ الاِنْصافُ فـی دَوامِ الاَوْقاتِ بِعِبادَتِهِ. (اوّل مرتبهٔ قرب طاعت اوست و انصاف در دوام اوقات به عبادت او.)

و قیل: اَلْعَبْدُ هُوَ التَدَنُّس بِمُخالَفَتِهِ وَ التَّجافی عَنْ طاعَتِهِ وَ لایَکُونُ قُرْبُ الْعَبْدِ مِنَ الْحَقِّ حَتّیٰ لاتَبْعِدَهُ عَنِ الْخَلْقِ. (بُعد، آلودگی است به مخالفت او و شانه خالی کردن از طاعت حق و قُرب بنده به حق حاصل نمی‌شود مگر اینکه از خلق دوری جوید.)

و الّا اگر ظاهر، فاقد معارف معنوی باشد ذکر لسانی لفظی است خالی از معنی، و پوستی است بی‌مغز، و به منزلهٔ جسمی است بـی‌جان کـه فـاقد

کرده و قلباً و لساناً گویا می‌گردد.

قلب و زبان باید گویای یک امر واحد باشند. در اینصورت عمل انسان متوجّه به تحوّلات حسّی و قراردادهای پیش ساخته نبوده، بلکه همه جانبه اعلام حیات خواهد نمود. ذکر قلبی و لسانی به معنای همین تطابق و یگانگی است، طوری که عرضه از قلب و ظهور از لسان می‌باشد.

ارزش حقیقی است.

وُجوب نماز:

اِنَّ الصَّلٰوةَ كانَتْ عَلَى الْمُؤْمِنِينَ كِتاباً مَوْقُوتاً. (سورهٔ ۴ نساء/ آیهٔ ۱۰۳)

(نماز بر مؤمنین محدود به اوقات نوشته شده است.)

آیهٔ کریمه مُبیِّن این معنی است که نماز مخصوص مؤمن است و از
شرایط مُتحتّمه جهت وصول به مرتبهٔ ایمان، و ایمان حقیقی امری است
باطنی.

حضرت رسول اکرم صَلَّی الله عَلَیْهِ وَ آلِهِ وَ سَلَّم فرموده‌اند: اَلْاِیمانُ اَنْ
تُؤْمِنَ بِاللهِ وَ الْمَلاٰئِکَتِهِ وَ رُسُلِهِ وَ الْیَوْمِ الْآخِرِ. (ایمان آنست که به خدای و
فرشتگان و پیامبران و روز واپسین باور داری.) (۵۰)

۵۰- وجوب نماز با توجّه به اصل فطرت و ملاحظهٔ آنچه ضرور انسان ایجاب
می‌کند توجّه به قانون و آن علمی که خود را در تمام مراتب وجودی عرضه نموده
تا در جهات امکانی نیز قابل برخورد شود، روشن می‌گردد. یعنی وقتی انسان با
مطلبی برخورد پیدا می‌کند آنچه که باید در مرحلهٔ اول مورد توجّه او باشد آن امر
بسیط، علم مطلق یا علّت عرضهٔ حیاتی است.

شرط داشتن چنین توجّهی، وقوف به اصل حقیقت و پذیرش همه جانبهٔ آن
است. والّا حتّی اگر برخوردی نیز صورت گیرد، تنها چگونگی‌های ابعادی مورد
تلاقی قرار خواهند گرفت و چون کفایت کننده نیستند، تکلّف و اجبار، جای لزوم
و ضرورت را گرفته و امراض جایگزین سلامتی خواهند گشت.

و نیز فرمود: لَیْسَ الْاِیمانُ بِالتَّمَنّیٰ لکِنْ هُوَ ما وَقَرَ فِی الْقَلْبِ وَ صَدَّقَهُ الْعَمَلُ. (ایمان داشتن به صرف تمنّا نیست بلکه ایمان آن است که در دل جای افتد و عملْ آن را تصدیق کند.)

و باز فرمود: قَلْبُ الْمُؤْمِنِ اَجْرَدُ فیهِ سِراجٌ یَزْهُرُ وَ قَلْبُ الْکافِرِ اَسْوَدُ مَنْکُوسٌ. (دل مؤمن مجرّد است و در آن چراغی است روشن و دل کافر، سیاهِ برگشته است.)

و مُولی الموحّدین علی علیه السّلام فرماید:

اِنَّ الْاِیمانَ یَبْدُو لُمْظَةً فِی الْقَلْبِ کُلَّ مَاازْدادَ الْاِیمانُ ازْدادَتِ اللُّمْظَةُ. (ایمان در دل به نقطهٔ نورانی پیدا می‌شود هر چند ایمان افزون شود آن نقطه فزونی می‌گیرد.) و این نقطه، عقدهٔ حیاتی در قلب آدمی است که مرکز علم ازلی است.

و نیز فرمود: اَلْقَلْبُ مُصْحَفُ الْبَصَرِ. (دل کتاب دید است.)

ایمان باور داشتن دل است به آنچه در غیب بر وی کشف کنند و وی را بیاموزند و ایمان قلبی به غیب و مُشاهدهٔ تجلّیّات جلالی و جمالی حق است.

ایمان ثمرهٔ یقین است. وَ الْیَقینُ هُوَ الْاطْمِینانُ بِالْغَیْبِ لِارْتِفاعِ الرَّیْبِ فَاِنْ

در اینجا بار دیگر به این مطلب برمی‌خوریم که وجوب در راستای علم معنا پیدا می‌کند. همین که علم در امتداد وجوب، جهت اجرائی به خود گرفت، قوانینی را به همراه دارد که در چنین مرحله‌ای در عرفان، «ایمان» مطرح می‌شود.

الصّلاة

كَانَ لِقُوَّةِ الدَّلِيلِ فَهُوَ عِلْمُ الْيَقِينِ وَ اِنْ كَانَ لِاسْتِجْلَاءِ الْعَيْنِ بِشُهُودِ الْعَقْلِ الْوُجْدَانِيِّ السَّارِي فِي كُلِّ شَيْءٍ فَهُوَ عَيْنُ الْيَقِينِ ثُمَّ اِذَا اسْتَوىٰ فَجْرُ التَّجَلِّيَاتِ الصِّفَاتِيَّةِ اَوَّلاً ثُمَّ طَلَعَ الشَّمْسُ تَجَلَّى الذَّاتُ ثَانِياً فَهُوَ حَقُّ الْيَقِينِ. (٥١)

(يقين همان اطمينان به غيب است جهت رفع شك، اگر يقين به نيروی دليل باشد علم اليقين است و اگر به تجلّی در چشم سَر به شهود عقل وجدانی كه در اشياست عين اليقين است و اگر اوّلاً در فجر تجليّات صفاتيّه قرار گرفت و ثانياً در شمسِ تجلّی ذات طُلوع كرد حقّ اليقين است.)

خداوند تعالىٰ از چشم سَر غايب و جز به قوّت الهی و اعلام حق در يقين بنده پديدار نشود.

٥١- شرط اوّل ايمان، علم است. بدين معنا كه تحقّق واقعيّت ايمان، در امتداد عمل عالمانه و مبتنی بر قانون است. اطّلاعات ذهنی و ساخته‌های تصوّری، قابل تغيير و فاقد جهات فهم حقيقی و جامع می‌باشند. هنگامی كه زمينه‌های اطّلاعاتی صحيح جهت اجرائی به خود بگيرند، ايمان در مراتب ابتدايی حاصل می‌گردد. اين ايمان ابتدايی گرچه از اصل دور نيست، امّا هنوز جهت بسيط و يا مطلق را واجد نمی‌باشد. ايمان مطلق در جامعيّت همه جانبهٔ قوا تحقّق می‌يابد. در صورتی كه قوا در امتداد امر فطری عمل نكرده و تنها نسبتها را عرضه كند، جامعيّت علم فعليّت نيافته و جريان قوانين متوقّف می‌شود. استيلای نسبتها، مشمول خواسته‌ها، تمنّاها و صورتهای ظاهر است و بالعكس حاكميّت جامعيّت و قوّت در امتداد اصل قابليّتِ عرضه كننده، جهات مملوك كننده و مطلق ايمان را متجلّی خواهد نمود.

الصّلاة

قَدْ سَئَلَهُ ذِعْلَبُ الْيَمانِيُّ قالَ لِاميرِالْمُؤْمِنينَ عَلِيٍّ عَلَيهِ السَّلامُ: هَلْ رَأَيْتَ رَبَّكَ يا اَميرَالْمُؤْمِنينَ؟ قالَ عَلَيهِ السَّلامُ: اَفَاَعْبُدُ ما لااَرىٰ؟ قالَ: وَ كَيْفَ رَأَيْتَهُ؟ قالَ: لا تُدْرِكُهُ الْعُيُونُ بِمُشاهَدَةِ الْعِيانِ وَ لٰكِنْ تُدْرِكُهُ الْقُلُوبُ بِحَقائِقِ الْايمانِ. اَمَّا الرُّؤْيَةُ فَهِيَ مُشاهَدَةُ الْبَصَرِ وَ قَدْ تُطْلَقُ عَلىٰ نَظَرِ الْفُؤادِ وَ الْقَلْبِ. وَ اَمَّا الْعِيانُ فَهُوَ مُشاهَدَةُ الْقَلْبِ بِمَراتِبِهِ الثَّلاثِ فِي مَقامِ الْعَقْلِ الْمُرْتَفِعِ وَ الْعَقْلِ الْمُسْتَوى وَ الْعَقْلِ الْمُنْخَفِضِ.

(ذِعلب یمانی از امیرالمؤمنین علی علیه السّلام سؤال کرد: آیا پروردگارت را دیده‌ای؟ فرمود: آیا خدائی را که ندیده‌ام عبادت می‌کنم؟ گفت: چگونه او را دیده‌ای؟ فرمود: او را چشم سَر به مُشاهدهٔ عیان نمی‌بیند ولکن دلها او را به حقایق ایمان درمی‌یابند. امّا رؤیت، مُشاهدهٔ چشم است و گاهی بر نظر فؤاد و قلب نیز اطلاق می‌شود و امّا عیان، مُشاهدهٔ قلب است به مراتب سه گانه‌اش در مقام عقل مُرتفع و عقل مُستوی و عقل مُنخفض.)(۵۲)

۵۲- امر بینائی به شکست نور و تصاویر غیر حقیقی در نمودارهای سطحی محدود نیست. فعل و انفعالات سطحی و محصور در دامنهٔ تصاویر و انعکاسات مجازی، مختص عضو بینائی است. اطلاق عمومی بینائی به اینگونه عکس‌العملهای حسّی به دلیل تکرارها و برخوردهای عادتی است. همین مطلب در مورد سیستم شنوائی نیز صادق است. به طور کلّی باید توجّه داشت که تحریک اعضاء، نمایانگر قابلیّت قوا نمی‌باشد. تصویری که مغز در امتداد اطلاعات صحیح از اشیاء در ذهن می‌سازد، تصوّر است. هنگامی که این جنبهٔ

مُعرّف و مُعلّم عارفان و عالمان، حق است، و باور داشت او به معرفت دل، ایمان، و ایمان تصدیق است، و مؤمن، تصدیق کننده، و تصدیق صادر نمی‌شود مگر از جزم و اِذعان، و آن مُتصوّر نیست مگر در دلی که صاحب تمکین باطنی یعنی دارای عقل باطنی باشد. (۵۳) (منظور از عقل باطنی عقل

تصوّری همهٔ جهات عقلانی و منطقی ذهن را مملو نمود، علم الیقین است. وقتی که برخورد عینی حاصل گردید، عین‌الیقین و زمانی که فواصل فرضی در میان نبودند، حق الیقین معنا پیدا می‌کند. بنابراین در ابتدا باید دانائی حاکم باشد تا در ادامه و با رعایت شروط لازمه، به تدریج یقین در جامعیّتش حاصل شود. در غیر اینصورت برخوردهای سطحی جهت مطلق و فراگیر ندارند.

۵۳- باید توجّه داشت که سلّول در محدودهٔ چگونگی‌های خود در سطوح عمل می‌کند و تنها نقش گردآورندگی را به عهده دارد ولی رجوع آن به مرکزیّتش، یعنی مغز و سیستم عصبی است، در واقع این رجوع به چیزی است که در سطح قابل دیدن نیست. به عبارت دیگر تجزیه و تحلیل افعال و عملکرد مغز از حیطهٔ ادراک سلّول خارج است. به همین دلیل برخورد با امور حقیقی مطلقه با چشم سر، یعنی فعل و انفعالات عضوی و سلّولی سطحی، غیر ممکن است.

باید یادآور شد که هر چه جمع‌آوری اطّلاعات سلّولی حسّاس‌تر و دقیق‌تر انجام پذیرد، ارتباط سلّول با مرجعیّت و مرکزیّتش استحکام بیشتری یافته و نتیجتاً اجرای قوانین و بهره‌وری از بازدهی از او ساده‌تر خواهد گشت. در اینجا می‌توان به این مطلب مهم توجّه نمود که امر حساسیّت و دقّت در همهٔ مراتب، از سطوح سلّولی تا امور لطیفهٔ عبادی، جزو شرایط ضروری است.

مراتب عقل را می‌توان به این ترتیب طبقه‌بندی نمود: عقل مرتفع یعنی آنچه از قلب سر زده و متوجّه به علم می‌شود. هنگامی که علم یا قانون جهت اجرائی

الصَّلاة ۵۸

اعاشه نیست که عوام آن را به غلط عقل می‌شناسند و به صرف قیاس، سنجش خوب و بد می‌کنند.) بنابراین نماز بر نابالغ و نادان واجب نیست و از اینجا تصوّر وجوب یا عدم وجوب نماز بر کافر، وارد مسائل فقهی گردیده و بابی را به خود اختصاص داده است^(۵۴) و گرنه مُلازمت مؤمن بر

پیدا کند، عقل مستوی است و زمانی که عقل متوجّه به پائین‌ترین و محدودترین مراتب امکانی می‌گردد، عقل منخفض نامیده می‌شود.

۵۴- وجوب اجرای قانون با اتکاء به علم، و یقین به تحقّق واقعیّت، ثمره‌ای به نام «ایمان» به بار خواهد آورد. بنابراین تا زمانی که قانون جهت اجرائی پیدا نکرده، ایمان حاصل نشده است. به همین دلیل نماز بر نادان و نابالغ واجب نیست، زیرا جهات علم در آنجا حاکمیّت مطلقه ندارد تا همهٔ آنچه که در مراتب از او سر می‌زند، متوجّه به قانون و ایمان باشد ولی این بدان معنی نیست که لازم الاجرا نباشد. به عبارت دیگر معنای نابالغ در مورد کسی صادق است که امر دانائی در او زیر پوششها و عیبها پنهان گشته است. امّا چون حقّ حیات با همهٔ موجودات هست باید این عیب مرتفع گردد. بنابراین رفع عیب و اصلاح اضافات برای نابالغ و نادان ضروری و الزامی بوده و او باید فرا گرفته و در مسیر دانائی قرار گیرد تا جهات اجرائی علم فطری در او تحقّق یابند. مثلاً طفل خردسالی که معده‌اش هنوز آمادگی پیدا نکرده نباید غذای سنگین و نامناسب بخورد نه اینکه غذا خوردن برای او ضرورتی ندارد.

در این راستا حفظ و مراقبت در مقابل عوامل انحراف دهنده و بروز ناهنجارها یا عارضه‌ها به عنوان یک قانون حیات‌، ضروری و لازم الاجرا است. هنگامی که دستگاهها در سلامت و حساسیّت عملکرد داشته باشند، حیات معنا پیدا کرده و وجوب قانون حتمی می‌گردد.

نماز از این جهت است که او ایمان به غیب دارد و خطرات و مهالک را به چشم باطن مُشاهده می‌کند و به ناچار تقوایش به عین خُشوع او را به نماز شائق و در بجا آوردن اوامر حق تعالیٰ که عین علم است جذب می‌کند. و چون حقیقت به کافر پوشیده است و کُفر در لغت به معنی پوشانیدن و کافر به معنای پوشاننده و آن به این معناست که قوای نفسانی او پوشانندهٔ حقیقت ذاتی او شده و اشتغال او به تمنّیات نفس، او را از اکتشاف حقیقت بازداشته، بنابراین بر اقامهٔ نماز اقدام نمی‌کند.(۵۵) و این معنی نه آنست که نماز بر افراد بشر لازم نیست بلکه مقصُود آنست که بشر باید جان خود را

۵۵- نقطهٔ عدل یا نقطهٔ عطف در انسان آنچنان مرکزیّتی است که در عین جامعیّت و وسعت، در هر مرتبه‌ای به نسبت هرگونه تقسیم بندی، در عدل و توازن خود مستقر است. نموداری که در نقطهٔ عطف عمود بوده و موجودیّت انسان بر او قیام نموده است، همان جامعیّت مورد نظر است که احاطه و اشاعهٔ این امر بر کلّیهٔ مراتب وجودی از آنجا بوده و در نتیجه تمام مراتب، پذیرندهٔ وسعت و بساطت خواهند گشت. کشف این جامعیّت و مرکزیّت برای انسان به معنای اشاعهٔ موجودیّت او تا آنجائی است که هستی وسعت دارد و این امر مورد تعلیم پیامبران و اولیاءِ خداست. در چنین وسعتی است که انسان با اتّکاء به مرکزیّت فیّاضهٔ درونی، جامعیّت را عرضه خواهد نمود و آنچه که از او صادر می‌گردد، بر کلّیه مراتب وجودی او احاطه خواهد داشت. به بیان دیگر آنچه که از او در این امتداد و در هر فاصله‌ای از مرکز سربزند، محیط بر مراتب عرضه کننده است.

حال باید دید که شخصیّت مجازی که انسان برای خود تعریف نموده و به آن شکل داده، متوجّه به چیست و به چه عواملی اتکاءِ دارد.

از مَکاره کُفر رهانیده و آن را به فضایل ایمان رساند تا در عِدادِ نمازگزاران حقیقی قرار گیرد.

و در احوال کافران خدای تعالیٰ می‌فرماید: ماٰ سَلَکَکُمْ فيِ سَقَرَ. قالُوا لَمْ نَکُ مِنَ الْمُصَلّينَ. (سورهٔ ۷۴ مدّثّر / آیات ۴۲ و ۴۳) (چه چیز شما را به سَقر انداخت؟ گفتند: از نمازگزاران نبودیم.)(۵۶)

یعنی نه دریافت حقیقت کردیم و نه ایمان حاصل نمودیم و نه اشاعهٔ حقیقت به مستحقّین کردیم و در غفلت و تاریکی نفس فرو رفتیم. و این برای بشر شأن و فضیلتی نیست. مُحافظت بر نمازها بخصوص نماز وُسطیٰ در همه حال مورد تأکید و حفظ قلب از تهاجُم امیال نفسانی و استقامت در ذکر خداوند به تمام قویٰ و وجوه حیاتی خواه از نظر مقتضیّات زندگی پیاده و سواره (و یا در حال مُجاهده) جهت امنیّت روح و دل مُستلزم کوشش است برای تصاحب سکینهٔ قلبی و روح قُدسی چنانچه شارع

۵۶- جهانی که انسان در بیرون از خود با آن برخورد داشته و در امتداد عقل منخفض با نمودارها و عکس‌العملهای سلّولی و در سطوح نازل خود ساخته و دائماً در حال تغییر و تحوّل است، جهنّم یا سقر نامیده می‌شود. هرگونه داد و ستدی که در این تغییرات شکل پذیرد، ناهنجار بوده و عامل آن نادانی است. اگر پیکرهٔ مادّی بدن انسان مجری قانون باشد، جان به حقیقت خواهد رسید، امّا اگر انسان صرفاً به محیط جسدی و سلّولی خویش مشغول شود و در تاریکی و نادانیِ مسائل سطحی فرو رود، دریافت حقیقت و حصول ایمان و نهایتاً اشاعهٔ آن به جان میسّر نخواهد گشت.

مقدّس اسلام تعلیم فرموده.

قوله تعالیٰ: حافِظُوا عَلَی الصَّلَواتِ وَ الصَّلوٰةِ الْوُسْطیٰ وَ قُومُوا لِلّٰهِ قانِتینَ. فَاِنْ خِفْتُمْ فَرِجالاً اَوْ رُکْباناً فَاِذا اَمِنْتُمْ فَاذْکُرُوا اللّٰهَ کَما عَلَّمَکُمْ ما لَمْ تَکُونُوا تَعْلَمُونَ. (سورهٔ ۲ بقره/ آیات ۲۳۸ و ۲۳۹) (برنمازها و نماز وسطیٰ مُحافظت کنید و دعاکنان برای خدا برخیزید. پس اگر ترسیدید سواره یا پیاده آنگاه که در اَمْن قرار گرفتید خدا را همچنان که شـما را تـعلیم داده است یاد کنید و حال آنکه قبلاً نمی‌دانستید.)

مُحافظت بر نماز وسطیٰ یعنی توجّه و مُراقبهٔ کامل و حُضور قـلـب و ضایع نکردن آن در اوقات خود. ^(۵۷)

عُلمای شرع در نماز وُسطیٰ اختلاف کرده‌اند و هر کدام اختصاص آن را به یکی از نمازهای پنجگانه ظاهراً مُستدَلّ داشته‌اند. در هر حـال نـمـاز وُسطیٰ شامل کلّیهٔ نمازهاست به اعتبار اینکه حُضور قـلـب حـقـیـقـت آن و شرط صحّت آنست. ^(۵۸)

۵۷- این محافظت یعنی انسان در سیر حیاتی خود، بر آن ربوبیّتی که همه چیز را در همهٔ جهات پرورش داده است، قیام کرده باشد.

۵۸- توجّه به این مطلب حائز اهمیّت است که مغز، نقطهٔ عطف دانائی در امتداد نسبتهاست و اگر متوجّه به حیات مطلقهٔ انسان نباشد، اعتبار آن می‌توانـد مـورد سؤال قرار گیرد. مغز از یکسو همه جانبه متوجّه به برداشتهای سطحی در مسیر حیات طبیعی است و از سوی دیگر متوجّه به کلّیهٔ تحوّلات الکتریک و مغناطیس در سطح زمین و خارج از آن تا عمق کهکشانها می‌باشد. در واقع مغز به نوبهٔ خود

وسطیٰ نقطهٔ اعتدال وُجود است که عدالت و استقرار در عدل از خُصوصیّات مُختصّهٔ نمازگزار و مؤمن مُمْتَحَن است.(۵۹)

نقطهٔ عطفی است تا بتواند به مراتب ثقیل و لطیف آگاهی پیدا کرده و به نسبت عرضه کننده باشد. وقتی انسان نقطهٔ عطف حقیقی را دریافت و در آن منطبق و مستهلک گردید، واجد تمام نمودارها در ابعاد بوده و هر زمان که قیام کند، چگونگی‌ها در آنجا قابل عرضه خواهند بود، در عین اینکه در ابعاد سیری ندارند. این مسئله در بذر گیاه قابل مشاهده است که منشأ شاخه، برگ و ساقه و همچنین تحوّلات و داد و ستدهای مادّی و لطیف هست ولی نمودار ظاهری در آن دیده نمی‌شود تا آن هنگام که برحسب ضرورت و از عقدهٔ حیاتی خویش (نقطهٔ عطف) تمام مراتب را مملو می‌کند.

هویّت حقیقی انسان نیز همین نقطهٔ عطف حقیقی یا عقدهٔ حیاتی قلب اوست. تمام موجودیّت انسان طالب جامعیّت است، بنابراین پاسخگوئی به این طلب نباید تنها در عکس‌العملهای سلّولی خلاصه گردد، بلکه رجوع تمام چگونگی‌ها و تحوّلهای مراتب وجودی او به اصل فطری الزامی است. بدین معناکه قیام انسان باید متّکی بر قانون حیاتی و مستقر بر نقطهٔ عطف و عدل وجودی خود، یعنی عقدهٔ حیاتی باشد، که این قیام «نماز وسطی» نام دارد. توجّه به این مطلب نیز ضروری است که به منظور دریافت یک امر واقعی، اتّکاء انسان باید الزاماً بر یک پایهٔ ثابت و بی‌تزلزل باشد. این پایهٔ ثابت و بی‌تزلزل نمی‌تواند جز در درون و در مرکزیّت حیات خود او، یعنی همان عقدهٔ حیاتی قلب، قرار گرفته باشد. زیرا بی‌ثباتی و تزلزل کلّیهٔ نمودارهای بیرونی، امری محرز است.

۵۹- در امتداد تحقّق معنای حقیقی علم و جامعیّت در انسان، تمام چگونگی‌ها و تحوّلات مراتب وجودی او الزاماً متوجّه به امر بسیط یا امر فطری و حیاتی خواهند گردید. به عبارت دیگر همهٔ تحوّلات سلّولی متوجّه به مرکزیّت مغز بوده

نماز مغرب به منزلهٔ بذر است و نماز عشا به منزلهٔ ریشه که در تاریکی و خفیٰ نمو می‌کند و نماز صُبح به منزلهٔ جوانهٔ حیاتی است که سَر از زمین بیرون می‌آورد و نماز ظهر به منزلهٔ شاخ و برگ و نماز عصر به منزلهٔ ثمر شجر عبادت است و فرموده‌اند که هر کس نماز عصرش فوت شود به اهل و مالش ستم کرده.(۶۰)

و مغز نیز به نوبهٔ خود در امتداد حاکمیّت مرکزیّت وجودی، یعنی همان نقطهٔ عدل یا نقطهٔ عطف می‌باشد. این مرکزیّت آنچنان نقطه‌ای است که شامل سیر نقطه‌ای خود در ابعاد بوده، اما عرضهٔ بُعد نمی‌نماید. در واقع این همان تعریف صحیح نقطه است که در ریاضیات هم مورد بررسی قرار می‌گیرد. اشارهٔ خداوند به نماز وسطیٰ، ارجاع مؤمن به این مرکزیّت حیاتی یا نقطهٔ نورانی است، که با اوست. نقطه‌ای که در جمعیّت و ضرور خود، مملو کنندهٔ نمودارها و مراتب نیز هست. بنابراین شرط ضروری جهت استقرار و حاکمیّت این مرکزیّت حیاتی در انسان، جمعیّت است، زیرا چگونگی‌ها در نسبتها و داد و ستدها جوابگو نیستند. زمانی هم که جمعیّت حاصل گردید، چگونگی‌ها در امتداد نیازها و خواسته‌های انسان دیگر واجد اصالتی نخواهند بود.

۶۰- این فوت شدن و ستم مانند بذری است که کاشته شده و سبز شود امّا بار ندهد. با اینکه سیر حیاتی از او سر زده ولی نهایتاً تبدیل به خاک شده است. قانون در جریان بود، سیر کرد، شاخه و برگ داد لیکن همه متوجّه به عناصر اوّلیه شد. انسان هم باید سرانجام در امر یگانگی و وحدانیّت فانی گردد تا باقی شود، چه ظاهراً و چه باطناً.

انسانها عموماً از عبادات خود بهره‌ای نبرده‌اند زیرا قوانین اسلام باید در زندگی روزمرهٔ آنان جهت سازندگی داشته باشد. وقتی جهت سازندگی ندارد

در طیّ سُلوک و ابتدای ریاضتم از طریق الهام عبارات زیادی به زبان عربی به من گفته شد. وقتی که از آن مراتب بیرون آمدم یکی از اولیاء را زیارت کردم. آن ولی مرا گفت که به معلّم و استادم بگویم که این (یعنی من) نماز عصرش را دُرست نمی‌خواند. وقتی که به استاد رجوع کردم فرمودند: «هر چه سالک در مُراقبه دریافت کرد از مقولهٔ وحی و الهام خدایی نیست.» دریافتهای درست که نشانه‌های هدایت است موقوف به تأیید باطنی مشایخ حقّانی به نورانیّت و تصدیق قرآن کریم است، از آنکه گفته‌اند: اَلْمَهْدیُّ مَنْ هَدَیْتَ. چون صاحب راه در کنار راه است.

و در حدیث نبوی است که فرمود: اِنَّ هٰذَا الْقُرْآنَ اَفْضَلُ الْهِدایَتَیْنِ.(۶۱) و این برای من یک فصل ارشاد کننده داشت و آن این است: وقتی آن عبارات را دریافت کرده بودم چیزی مثل غرور در نفس من پیدا شده بود و به هدایت شیخ قُدِّسَ سِرُّهُ العزیز این کراهت از دل من برخاست.(۶۲)

نفاق و دو روئی را پرورش می‌دهد. غالب افراد ادّعا می‌کنند که اعتقاد دارند و برآن اساس عمل می‌کنند امّا نتیجهٔ کار آنها پیداست.

۶۱- قرآن یعنی جدا کننده، نقطهٔ عطف، قانون. همه چیز باید با این نقطه سنجیده شود. پیغمبر اسلام(ص) فرموده است که: هرآنچه که به شما گفته شد، به قرآن بزنید و با آن بسنجید اگر با آن مطابقت نداشت برای آورنده‌اش بهتر است.

افراد باید با خدا و قوانین او آشنایی پیدا کنند.

۶۲- هر کسی باید از خود سؤال کند که: «سیر حیاتی من چیست و پرورش دهندهٔ موجودیّت من کیست؟» وقتی می‌فرمایند شیخ و مرشد، مرشد یعنی رشد دهنده و

۶۵   الصّلاة

منظور از اهل و مال، ارکان وجودی تو و کسانی است که مُتَکفّل آنانی مثل عوامل حیاتی تو و زن و فرزند و غیره و همانطور که نماز بـر خـود فریضه است اهل خود را نیز باید به آن امـر کـرد. وَأْمُرْ اَهْلَکَ بِـالصَّلٰوةِ وَاصْطَبِرْ عَلَیْهَا. (سورۀ ۲۰ طه/ آیۀ ۱۳۲) (اهل خود را به نماز امر کن و بر آن استقامت ورز.) (۶۳)

استقامت از تنزیه باطن و مُجاهده کردن در بـرابـر طُـغیانهای نـفس و مشقّتهائی که از ناحیۀ او می‌رسد. این است که اهل باطن مُریدان را به نفی خاطر توصیه می‌کنند.

بایزید بسطامی مُرید حضرت امام جعفر صادق علیه الصّلوات و السّلام فرمود: سی سالست که از دلم محافظت می‌کنم تا غیر در آن وارد نشود.

کَمَا قَالَ رَسُولُ الله صَلَّی اللهُ عَلَیْهِ وَ آلِهِ وَ سَلَّمَ الْحَدِیثْ: اِنَّمَا مَثَلُ الْقَلْبِ مَثَلُ رِیشَةٍ بِالْفَلاةِ تَعَلَّقَتْ فِی اَصْلِ شَجَرَةٍ یُقَلِّبُهَا الرِّیحُ ظَهْراً لِبَطْنٍ. (مَثَل دل مثل پَری است در صحرا که به تنۀ درختی آویزان است و باد آن را به پشت

ارشاد کننده. حال، هر کس باید ببیند رِبّش کیست؟ آیا نمودارهای بیرونی است آنهم از برای رفع و رجوع نیازهای روزمرّه و گذرا؟ در این صورت شخص خود را به دست خود فریب می‌دهد. اسلام می‌خواهد انسانها را آزاد کند امّا اکثر افراد، اسارت را پـذیرفته‌انـد. اسلام حقایق را آشکار و قوانین قرآن ارزشها را از بی‌ارزشیها جدا می‌کند.

۶۳- در زندگی معمول نیز والدین موظّف به تربیت فرزند هستند و باید قوانین صحیح این امر را یاد بگیرند.

الصّلاة
۶۶

و رو می‌گرداند.)

در نماز حُضور قلب اصل واجب و شرط صِحّت عبادتست. شناخت
حق، پاکی و تنزیه و صفای قلب می‌خواهد زیرا افاضه کننده حق است و
اگر گمان رود که اقامهٔ صلوة و اجرای این فریضه جهت نمازگزار مشقّت
دارد و نمازگزار در ادای نماز متکلّف است قطعاً اینگونه اعمال اجباری
مقبول حق نیست و در ردیف طاعات حقیقی منظور نمی‌شود.(۶۴)

وَاسْتَعِینُوا بِالصَّبرِ وَ الصَّلوٰةِ وَ اِنَّهاٰ لَکَبِیرَةٌ اِلّاٰ عَلَی الْخاٰشِعینَ. (سورهٔ ۲
بقره/ آیهٔ ۴۵) (به صبر و صلوٰة استعانت جوئید و آن (دشوار) سنگین است
مگر برای خاشعان.)

یعنی در انجام فرائض با رعایت شرایط ظاهر و باطن استقامت و صبر
کنید تا در افتتاح باطنی عُروج روحانی حاصل نمائید.

قیل: اَلصَّبرُ حَبْسُ النَّفْسِ عَمّاٰ تَناٰزَعُ اِلَیْهِ. (صبر نگهداشتن نفس است از
آنچه به سوی او کشیده می‌شود.)

قیل: اَلصَّبرُ هُوَ الثَّباٰتُ عَلیٰ اَحْکاٰمِ الْکِتاٰبِ وَ الْسُنَّةِ. (صبر همان استقامت

۶۴- تکلّف یعنی ظاهری. جهات ظاهری جهت معنویّت ندارد، لذا بازدهی و
افاضه با آن نیست. مانند درختی است که به آن میوهٔ مصنوعی وصل کنند. وقتی
انسان مطلبی یا کاری را دوست دارد امّا حقیقتاً درصدد اجرای آن برنمی‌آید
یعنی متکلّف است. چنانچه اعمالی هم براساس نادانی و یا ضعف از وی سربزند
بی‌محتوی است.

است بر احکام و سنّت.)

قیل: اَلصَّبْرُ هُوَ الثَّباٰتُ مَعَ باٰعِثِ النَّفْسِ اِلیٰ ضِدِّهِ. (صبر همان ثبات است با انگیزانندۀ نفس بر ضدّش.)

قیل: اَلصَّبْرُ صَبْراٰنِ: اَحَدُهُماٰ اَفْضَلُ مِنَ الآخِرِ، اَلصَّبْرُ عَلیٰ مُصیبَةٍ حَسَنٌ وَ الصَّبْرُ عَلیٰ نَهْیِ اللهِ اَحْسَنُ. (صبر دو گونه است که یکی برتر از دیگری است، صبر بر مُصیبت خوب است امّا صبر بر آنچه خدا نهی کرده است بهتر است.)

قیل: عَلاٰمَةُ الصَّبْرِ ثَلاٰثَةُ اَشْیاٰءٍ: تَرْکُ الشَّکْویٰ وَ صِدْقُ الرِّضیٰ وَ قَبُولُ الْقَضاٰ بِحَلاٰوَةِ الْقَلْبِ. (علامت صبر سه چیز است، ترک شکایت و صدق رضایت و قبول حکم به حلاوت دل.)

قیل: اَلصَّبْرُ الْوُقُوفُ مَعَ اللهِ تَعاٰلیٰ بِحُسْنِ الْاَدَبِ. (صبر، با خُداوند به حُسنِ ادب بودن است.)

و سؤال شده است از تصبُّر، فَقاٰل: اَلسُّکُونُ مَعَ الْبَلاٰءِ وَ مَعَ وُجْداٰنِ الْمَحَبَّةِ. (تصبّر آرامش است با بلا و داشتن مُحبّت.)

و قیل: اَلصّاٰبِرُ الَّذی لاٰ یُغَیِّرُهُ تَواٰتُرُ الْبَلاٰیاٰ وَ الْمِحَنِ عَلَیْهِ وَ لاٰ یُورِثُهُ ذٰلِکَ جَزَعاً وَ لاٰشَکْویً. (صابر کسی است که دوام بلا و اندوه او را دگرگون نکرده و به جَزَع و شکایت نیندازد.)(۶۵)

۶۵- رعایت شرایط ظاهر و باطن، نگهداشتن نفس، استقامت بر احکام و سنّت، ثبات، ترک شکایت، صدق و رضایت، قبول حکم به حلاوت دل، حسن ادب،

طهارت

قالَ اللهُ تَعالیٰ و تَبارَکَ فی کِتابِهِ الْمُبینِ:

یا اَیُّهَا الَّذینَ آمَنُوا اِذا قُمْتُمْ اِلَی الصَّلوٰةِ فَاغْسِلُوا وُجُوهَکُمْ و اَیْدِیَکُمْ اِلَی الْمَرافِقِ وَامْسَحُوا بِرُؤُسِکُمْ وَ اَرْجُلَکُمْ اِلَی الْکَعْبَیْنِ و اِنْ کُنْتُمْ جُنُباً فَاطَّهَّرُوا وَ اِنْ کُنْتُمْ مَرْضیٰ اَوْ عَلیٰ سَفَرٍ اَوْ جاءَ اَحَدٌ مِنْکُمْ مِنَ الْغائِطِ اَوْ لمَسْتُمُ النِّساءَ فَلَمْ تَجِدُوا ماءً فَتَیَمَّمُوا صَعیداً طَیِّباً فَامْسَحُوا بِوُجُوهِکُمْ وَ اَیْدِیکُمْ مِنْهُ مایُریدُ اللهُ لِیَجْعَلَ عَلَیْکُمْ مِنْ حَرَجٍ وَ لٰکِنْ یُریدُ لِیُطَهِّرَکُمْ وَ لِیُتِمَّ نِعْمَتَهُ عَلَیْکُمْ لَعَلَّکُمْ تَشْکُرُونَ. (سورهٔ ۵ مائده/ آیهٔ ۶) (ای مؤمنان هرگاه برخاستید به نماز روی و دستان خود را تا آرنج بشوئید و سر و پاهایتان را تا کعبین مَسْح کنید. هرگاه ناپاک بودید خود را پاک کنید و اگر بیمار یا در سفر بودید یا یکی از شما از حَدَثی آمد یا زنان را لمس کردید و آب پیدا نکردید پس به خاک پاک تیمّم کنید و رویتان و دستان را مسح کنید خداوند نمی‌خواهد برای شما حَرَجی قرار دهد بلکه می‌خواهد شما را پاک کند و نعمتش را بر شما

گناه

آرامش و داشتن محبّت و دگرگون نشدن با بلا و اندوه، اینها ارزشهایی است که باید در نهایت سلامت به آنها فکر کرد و متوجّه بود. هـر کس بایـد از خـود بـه راحتی بپرسد کدامیک از ارزشهای اجتماعی فاقد جهات مثبت بـرای اوست؟ کدامیک از آنها جهات محافظت از خانواده را ندارد؟ افراد باید بـدآموزیهای اجتماعی راکه به دلیل ترسها و انقلابات اجتماعی بر آنها حاکم شده دور بریزند و ارزشهای فوق الذّ کر را فرابگیرند و همه جانبه خود را اصلاح کنند تا آنکه فهم و علم کارگزار باشد.

تمام کند/شاید شکرگزار باشید.)

حضرت جعفر بن محمّد الصّادق علیه السّلام فرموده است: هرگاه قصد وضو کردی به آب تقدّم جو، همچنانکه به رحمت حـق تـعالیٰ تـقدّم می‌جوئی‌؛به درستی که خدای تعالیٰ آب را کلید قرب و رضا و مناجات با او و راهنما به سوی خدمت او قرار داده، پس همچنان که رحمت او بندگان را از معاصی پاک می‌گرداند آب نیز آلودگیهای ظاهری را برطرف می‌سازد. قال الله تعالی: وَ هُوَ الَّذی اَرْسَلَ الرِّیاحَ بُشْراً بَیْنَ یَدَیْ رَحْمَتِهِ وَ اَنْزَلْنا مِنَ السَّماءِ ماءً طَهُوراً. (سورۀ ۲۵ فرقان/ آیۀ ۴۸) (و اوست که بادها را بشارت میان دو دستان رحمتش فرستاده و ما آب را از آسمان پاک کـنندهٔ نـازل کردیم.)

وَ جَعَلْنا مِنَ الْماءِ کُلَّ شَیْءٍ حَیٍّ. (سورۀ ۲۱ انبیاء/ آیۀ ۳۰) (هر چیز را از آبً زنده گردانیدیم.)[66]

طهارت در نماز ظاهراً به طهارت بدن و جوارح و لباس از آلودگی و

۶۶- تعلیـم در مکتب انبیا و اولیاء امـر بسیط و جامع است. بنابراین الزاماً هـر قانونی که خداوند اعلام فرموده، باید در بساطت و جامعیّت مـورد بـررسی و تحقیق قـرار گیرد تا برای سالک قابل برخورد بوده و در مسیـر سیـر حیاتی او مفید واقع شود. چنین برخوردی مسلّماً مستلزم هـم مـوجی و هـماهنگی هـمه جانبه‌ای است، که در واقع مبین قرب و نهایتاً امر توحید می‌باشد. مقیّد ماندن به هر قیدی و یا هر نوع آلودگی، مانع تحقّق هماهنگی و یگانگی وجودی است، که باید رفع گردد.

باطناً به تطهیرِ نفس از خطاها و معاصی و ذمائم اخلاق و تطهیرِ قـلب از حُبّ دنیا و ترک ماسوَی الله است و همانطور که در تطهیرِ ظاهر تأکید شده تطهیرِ باطن و نفس و خواطر، به مـراتب واجب‌تـر از آنست. پس تـطهیر باطن به سبب توبه و پشیمانی از آنچه رضای حق در آن نیست حاصل می‌شود.

تطهیر ظاهر جهت رعایت ادب است و تطهیر باطن به جهت حصول قرب به حضرت حق زیرا نظرگاه حـق دل مـؤمن است پس بـاطن را از خصائل ردّیه و ذَمائم نفسانیه پاک و منزّه کن تا آرامشی که در حضور قلب به آن محتاجی میسّر شود.

از جمله تطهیرات رعایت حقوق است و ادای حقّ همه چیز و همه کس و با این توصیف ملاحظه می‌شود که مبادرت به هر نوع عملی از مناهی و ذمائم اخلاقی که نتیجه‌اش تحصیل مال حرام و تغذیهٔ حرام و باطل کردن حقوق دیگران به هر نام و عنوان که باشد مانع استعداد و آمادگی مقدّمات نماز است. (۶۷)

۶۷- وجه دیگری از پاکسازی یا طهارت، مـجاهده در مسـیر بـرخـورداری از ضوابط حقیقی در جهت عرضهٔ مطلقهٔ امر حیاتی است که نزد اهل معرفت «ادب» نام دارد. در این راستا، سالک خود را از حاکمیّت معیارهای خودپسندانه، که تشدید کنندهٔ ناهنجاری‌ها و بی‌ادبی‌هاست، منع می‌نماید. این امر، هـم شـامل مراتب ظاهری و سطحی مـادّی است و هـم مـراتب لطیف و ظریف بـاطنی را دربردارد. بدین ترتیب همهٔ موجودیّت او از ناچیز تا نهایت قابل عرضه و تأیید

اگر کسی دارای این صفات بوده و اعمال قبل و بعدش چنین است و زندگیش از این طریق می‌گذرد چطور می‌تواند وارد نماز شود مگر آنکه تمام حقوق غیر را چه از نظر مالی و چه از نظر اخلاقی و حقوقی و انسانی به صاحبانش اداء کرده و از حق، طلب آمرزش کند.

سخن اهل معرفت است که: اِذٰا سَلِمَتْ مِنْكَ نَفْسُكَ فَقَدْ اَدَّیْتَ حَقَّهٰا وَ اِذٰا سَلِمَ مِنْكَ الْخَلْقُ قَضَیْتَ حُقُوقَهُمْ. (هرگاه که نفست از تو سالم بود، حقّش را اداء کردی و هرگاه خلق از تو سالم ماند، حقّشان را پرداخته‌ای.)

نبیّ اکرم صَلَّی الله عَلَیْهِ وَ آلِهِ وَ سَلَّم فرموده است: مَثَلِ مؤمنِ خالص، مثل آبست به صفا در طاعات حق، همچون صفای آب در وقتی که از آسمان نازل می‌شود پاک و خالص است.

ستر عورت

یٰا بَنی آدَمَ قَدْ اَنْزَلْنٰا عَلَیْكُمْ لِبٰاساً یُوٰاری سَوْأتِكُمْ وَ ریشاً وَ لِبٰاسُ التَّقْوىٰ ذٰلِكَ خَیْرٌ ذٰلِكَ مِنْ آیٰاتِ اللّهِ لَعَلَّهُمْ یَذَّكَّرُونَ. (سورهٔ ۷ اعراف/ آیهٔ ۲۶) (ای فرزند آدم به تحقیق نازل کردیم بر شما لباس، می‌پوشاند بدیهای شما را و پوشش و لباسِ تقوىٰ بهتر است و این از آیٰاتِ خداست شاید متذکّر شوید.)

ستر عورت واجب است مطلقاً از هر کسی حتّىٰ از خــود و بــالاخص

گشته و متوجّه ثبات و بقا خواهد بود.

الصّلاة ۷۲

شرط مؤکّد است در وقت اقامۀ صلوٰة، و آن ظاهراً پوشاندن قبایح و باطناً پوشاندن لباس تقویٰ و اخلاص و توبه و صدق است بر نفسانیّات از آنکه نظرگاه حضرت حق می‌باید پاک و منزّه از ذمائم و خطایا باشد. (۶۸)

حضرت جعفر بن محمّد الصّادق علیه السّلام فرموده است که: زینت مؤمنان لباس تقویٰ است و نعمتشان ایمان.

۶۸- زمانی که انسان به قصد و نیّت خود واقف بوده و تمام موجودیّت وی بر حاکمیّت ضابطۀ حقیقی قائم باشد، نام مؤمن بر او زیبنده خواهد بود. این چنین شخصیّتی از همۀ ضوابط و چگونگی‌های مرتبه‌ای روی برگردانده و افاضۀ مشیّت در جامعیّت و بساطت، وجود او را همه جانبه مملو نموده است.

پیکره‌های انسانی شامل مختصّات و مناسبات بسیاری می‌باشد که عکس‌العملها و داد و ستدها در امتداد هم موجی و توازن آنها صورت می‌پذیرند. در واقع بروز این داد و ستدها و نقل و انتقالات در جهت تحکیم آرامش و تعادل در انسان است. تحقّق این هدف، لااقل در نازل‌ترین مرتبۀ وجودی انسان، مستلزم پوشش و حفظ پیکرۀ اوست تا منبع افاضه کننده، بدون مزاحمت، پیکره‌های انسانی را پرورش دهد. قرارگرفتن در معرض کورانها موجب بروز انقلابات و تحوّلات و نتیجتاً نداشتن آرامش است. به عنوان مثال کورانهای حرارتی موجب بروز بیماریها می‌شوند کورانهای فکری، عامل سردرگمی‌ها و گمراهی‌ها هستند، کورانهای انقلابات ذهنی مردمی، سبب بی‌شخصیّتی‌ها شده و بالاخره کورانهای اقتصادی به همراه آورندۀ ورشکستگی‌ها می‌باشند. پوشش صحیح، تمام ارتباطات نمازگزار را با بیرون او قطع می‌کند تا آلودگی ناشی از آن موجب تحریک او نگشته و دور از تزلزلها، در جوشش درونی خود و با اتّکاء به قوّتی که با اوست، به بازسازی ویرانه‌ها بپردازد.

مکان و غصبی نبودن آن

یکی دیگر از مقدّمات نماز رعایت در تطهیرِ مکانی است که نمازگزار در آنجا اقامۀ صلوٰة می‌کند و باطناً اشاره به دل اوست کـه بـایـد از نـقش ماسِوَی الله پاک باشد.

دل مؤمن باید مؤدّب به آداب شرع و قواعد خصائل آدمی باشد و چون دل عرش خدا و مسجد اوست نباید غصبی یا ناپاک باشد که این هـر دو مُبطل نمازند و مانع افاضات فیض حق و اینکه گفته‌اند «ناپاک وارد مسجد نشوید» یعنی باطناً بدون نفی خواطر و ترک ماسوی الله قصد حضور قلب امکان‌پذیر نیست پس اگر رغبت طاعات را در روح قلب یافتی بدان کـه شرف خدمت و عبادت یافته‌ای و فیض حق جَلَّ و عَلاٰ ترا پذیرفته و اگر نه چنین است چون نمازگزاردن بتکلّف خلاف است در تـصفیۀ بـاطن بـاید کوشید که صفای قلب حاصل شود و آن نیز به ادای فرایض و هدایات حق موکول است. وَ اَقِمِ الصَّلوٰةَ لِذِکْریٖ. (سورۀ ۲۰ طه/ آیۀ ۱۴) (نماز را به یاد من اقامه کن.) [69]

۶۹- هرگاه همۀ نمودارها و اعمال و رفتار انسانی، اعم از حس، فکر، خاطر، ذهن و غیره در جمعیّت همۀ جانبه خویش و متوجّه به مرکزیّت افاضه‌کنندۀ خود باشند و عرضه‌کنندۀ امری حقیقی گردند، می‌توان از مسجد، به معنای محلّ سجده نام برد. مسجد نمازگزار، که هفت موضع پیکرۀ خاکی را شامل می‌گردد، عبارت از دو کف دست، دو پا، دو زانو و پیشانی اوست. مواضع هفتگانۀ نامبرده هـر یک مرکز یاگرهای عـصبی است کـه مسئولیّت مـنطقۀ خـاصّی در پیکرۀ انسانی را

الصّلاة

٧۴

قوله تعالیٰ: قَدْ اَفْلَحَ الْمُؤْمِنُونَ ۞ اَلَّذِينَ فِي صَلٰوتِهِمْ خاشِعُونَ. (سورهٔ ۲۳ مؤمنون/ آیات ۱ و ۲) (به تحقیق که مؤمنان رستگار شدند. آنان کسانی هستند که در نمازشان خاشعند.)

وَ اَنَّ الْمَساجِدَ لِلّٰهِ فَلاٰ تَدْعُوا مَعَ اللّٰهِ اَحَداً. (سورهٔ ۷۲ جن/ آیهٔ ۱۸) (و اینکه مساجد برای خداست پس با خدا کسی را نخوانید.)

روایت شده است که معتصم از ابا جعفر محمّد بن علی بن موسیٰ علیهم السّلام از مسجد پرسید پس فرمود: همان اعضاء هفتگانه است که با آنها سجده می‌شود. و سعید بن جبیر و زجاج و فراء نیز همان را گفته‌اند و مؤیّد آنست.

قول رسول اکرم صلّی اللّٰه علیه و آله و سلّم که فرمود: اُمِرْتُ اَنْ اَسْجُدَ عَلیٰ سَبْعَةِ آدابٍ. (مأمور شدم که با هفت ادب سجده کنم.)

نیز اطوار سبعهٔ قلبیّه است و اشارهٔ اهل باطن به آنست و اینکه فرمود: «مأمور شده‌ام که به هفت ادب سجده کنم»، سیر در اطوار سبعهٔ قـلبیّه و

عهده‌دار است. فرودآوردن سر به خاک باید در عین جمعیّت بوده و نباید بـین پیشانی و زمین مانعی وجود داشته باشد. در هیئت ظاهر، مواضعی از بدن کـه بـا زمین برخورد دارند، عرضه کننده مراتب مادّی بوده و هر یک از آنها مـرکزیّتی است به منظور حاکمیّت توازن در امتداد مراتبی که با زمین و تا عمق کهکشانها در ارتباط می‌باشند. غصبی نبودن این مرکزیّت یا این هفت موضع سجده به معنای عدم دخالت هرگونه نمودار دیگر و همچنین عدم تأثیرپذیری از قوانین مـنتجهٔ آنها در این جمعیّت و مرکزیّت است.

گذشتن از ملکوت و جبروت و رسیدن به مقام حضرت لاهوت است و معنای فَلاٰ تَدْعُوا مَعَ اللّٰهِ اَحَداً اینست که غیر او را در سجده‌هایتان بـا او شریک قرار ندهید و در معانی «مَسجد و بُقاع اَلارض» گفته شده است که رسول صَلَّی الله عَلَیْهِ وَ آلِهِ وَ سَلَّم فرموده: جُعِلَتْ لِـیَ الْاَرْضُ مَسْـجِداً وَ طَهُوراً. (زمین برای من سجده‌گاه و پاک کننده قـرار داده شـده است.) و سخنان دقیق در این باب بسیار است.

وضوء

وضوء از مقدّمات نماز و امری ضروریست و از تطهیر و طهارت و وضوء تا تکبیرة الاحرام بیان واقعیّت توبه است. توبه از نواهی و مکاره با تـمام اقسام و انواع آن از توبهٔ عام و خاص و خاصّ الخاص. که در رسـالات دیگر شرح داده‌ام. (۷۰)

۷۰- معنای حقیقی وضو دست شستن از هرگونه عملکردی که پیکرهٔ فیزیکی برای انجام آن به خدمت گرفته می‌شود و همچنین به کارگیری تمام همّت و قوّت به منظور یکسو نمودن پیکره‌های انسانی و نهایتاً شارژ خازنهای الکتریکی و مغناطیسی می‌باشد. بنابراین هم‌جهت و یکسو کردن الزاماً باید متوجّه به خازنهای قلب باشد، چراکه یکسوئی و نظم شارژهای مثبت و منفی مـوجب بـروز اوّلین نمودارهای هدایتی و نتیجتاً برخورد با نقطهٔ عطف در قلب می‌گردد. به عبارت دیگر به محض اینکه طهارت حاکم گردید، نمودارهای حیاتی تجلّی کرده و امر هدایت حاصل می‌شود. بدین ترتیب ملاحظه می‌گردد که هدایت ضرورتاً امری

الصّلاة

اسرار وضوء از فرمایشات ائمّهٔ اطهار علیهم السّلام و التّحیات به هنگام وضوء گرفتن، کاشف و مُبَیّن دقایق آنست. ⁽⁷¹⁾ حضرت مُولَی الْمُوحّدین امیرالمؤمنین علی علیه السّلام هنگام شروع به وضوء می‌فرمودند:

بِسْمِ اللهِ وَ بِاللهِ اَللّٰهُمَّ اَجْعَلْنی مِنَ التَّوّابینْ وَ اَجْعَلْنی مِنَ الْمُتَطَهّرینْ. کـه

باطنی است. لازم به تذکّر است که تعلیم و نظم مراتب مادّی توسّط معلّم، بعد از حصول امر هدایت به وقوع می‌پیوندد.

۷۱- در بدن انسان دو خازن وجود دارند که فعّالیّت آنها شبیه به عملکرد باطری بوده و نتیجهٔ فعل و انفعالات آنها، تولید جریان برق موجود در بدن می‌باشد که نهایتاً متوجّه به قلب می‌گردد. بنابراین اتّصال و ارتباط دائمی بین آن دو از ناهنجاریهای ظاهری که به دلیل آلودگی‌های فیزیکی در انسان ایجاد می‌گردند کاسته و موجب استقرار تعادل و نظم می‌شود. به طور کلّی هر نموداری که واجد صورت امکانی گردد، الزاماً واجد یک مرکزیّت افاضه کننده می‌باشد که چگونگی‌های آن از ابتدا تا نهایت ابعاد ظاهری شامل زنجیره‌ای متّصل یا نقاط بی‌فاصله و مرتبطی است که اصطلاحاً به آن موج می‌گویند. پستی و بلندیهای قابل برخورد در این امتداد نیز در واقع بیانگر حالات ظاهری در تمام ابعاد وجودی، تا نهایت مرتبهٔ ممکن، بوده و همه جانبه در برگیرندهٔ کلّ موجودیّت انسان می‌باشند. به عبارت دیگر بر اساس حاکمیّت اصل جامعیّت، جدائی در هستی معنا نداشته و اصولاً هیچ واقعه‌ای بدون طیّ مقدّمات لازمه صورت‌پذیر نیست.

انسان نیز از این قانون مستثنی نبوده و در هر موضعی که جهات جامعیّت و یا جمعیّت وی که اصطلاحاً «تمرکز» نامگذاری می‌گردد، قابل عرضه باشد، تحقّق برخورد او با مرکزیّت افاضه کنندهٔ وجودی حتمی است.

توبه برگشت و متطهّر پاکیزه از لوث مادّیت و اشتغالات مادّیست. و هنگام شستن صورت: اَللّٰهُمَّ بَیِّضْ وَجْهِی یَوْمَ تُسَوِّدُ فیهِ الْوُجُوهُ وَ لاَتَسَوِّدْ وَجْهِی یَوْمَ تَبیَضُّ فِیهِ الْوُجُوهُ. (یعنی خدایا روی مرا سفید گردان روزی که در آن رویها سیاه گردد، و سیاه نگردان روزی که رویها در آن سفید گردند) که حاکی از خُلوص نیّت و اخلاص در عبادتست. (۷۲)

۷۲- در واقع آنچه در عرفان مورد تحقیق قرار می‌گیرد، عرضهٔ طریق عملی برخورد حقیقی انسان با اصل وجودی خود، در امتداد اجرای همه جانبهٔ قوانین وجودی است که در اصطلاح اهل معرفت «کِرد» نام دارد.

بدین منظور اوّلین قدم ضروری در این مسیر از جائی آغاز می‌گردد که انسان در آن قرار گرفته است، یعنی در محدودهٔ داد و ستدها، نسبتها، حالات، روحیات و کلّیهٔ چگونگی‌هائی که با اوست. اگر مسیر تحقیقی انسان مبتنی بر سلامت، نظم و تعادل باشد، قدمهای بعدی الزاماً فاقد شکّ و شبهه و انقلابات متزلزل‌کننده خواهند بود. در این راستا باید عملکرد جهات مادّی و فیزیکی او دائماً به همان طریق تحقیقی صحیح، متّکی و قابل کنترل باشند. در غیر اینصورت خیال‌پردازی‌ها و کنجکاوی‌های او جای تحقیق و طلب را گرفته و آنچه که بنا کرده نقش بر آب می‌گردد. به همین دلیل است که شوق، تلاش، کوشش و مجاهده به نیّت پاک شدن از ناپاکی‌های درونی و روی آوردن به خدا و بالاخره حصول قرب و ملاقات او امری ضروری است و نمازگزار در عین اینکه در صورت ظاهر، اعمالی را در مراتب مادّی عرضه می‌نماید امّا حقیقتاً در کنه درون خود، با هزاران بیم و امید، دلشوره دارد که آیا چنین طلب و نیاز وجدانی که از عمق وجود او سرچشمه گرفته، صورت حقیقی و واقعی پیدا خواهد کرد؟ اینگونه دلشوره، موجب گندزدائی است تا قیام بر اصل جامعیّت تحقّق همه جانبهٔ عملی

الصَّلاة ٧٨

و هنگام شستن دست راست می‌فرمودند: اَللّٰهُمَّ اَعْطِنی کِتابی بِیَمینی وَ الْخُلْدَ فِی الْجِنانِ بِیَساری وَ حاسِبْنی حِساباً یَسیراً. (خدایا کتابم را به دست راستم ده و جاودانگی در بهشت را به دست چپم و حسابم را حسابی آسان گردان.)

و هنگام شستن دست چپ، اَللّٰهُمَّ لا تُعْطِنی کِتابی بِیَساری وَ لا مِنْ وَراءِ ظَهْری وَ لا تَجْعَلْها مَغْلُولَةً اِلیٰ عُنُقی وَ اَعُوذُ بِکَ مِنْ مُقَطَّعاتِ النّیرانِ. (خدایا کتابم را به دست چپم مده و نه از پشت سَرَم و نگردان آن را چون غُلی بر گردنم و پناه می‌برم به تو از مقطّعات آتشها.)

و هنگام مَسحِ سر می‌فرمودند: اَللّٰهُمَّ غِشْنی بِرَحْمَتِکَ وَ بَرَکاتِکَ وَ عَفْوِکَ وَ عافِیَتِکْ. (خدایا به رحمت خود مرا بپوشان و برکات و عفو و عافیت خود را ستر و حفاظ من فرما.)

و در مَسح قدمها می‌فرمودند: اَللّٰهُمَّ ثَبِّتْ قَدَمی عَلَی الصِّراطِ یَوْمَ تَزِلُّ فیهِ الْاَقْدامُ وَ اجْعَلْ سَعْیی فیما یُرْضیکَ عَنّی. (خدایا در روزی که قدمها بلغزد قدم مرا بر صِراط ثابت فرما و سعی مرا در آنچه ترا خوشنود سازد قرار ده.)

و چون وضوء به اتمام می‌رسید می‌فرمودند که: اَللّٰهُمَّ اِنّی اَسْئَلُکَ بِتَمامِ

یافته و عرضه کننده واقعیّتی گردد که اوست. در حقیقت نمازگزار تمام هیئتها و پیکره‌ها را پاک می‌نماید تا عملکرد او در تعقیب هدف حقیقی خود، به منظور رفع موانع برای رسیدن به امر حیاتی، مکفی گردد.

الْوُضُوءِ وَ تَمامِ الصَّلوٰةِ وَ تَمامِ رِضْوانِکَ وَ تَمامِ مَغْفِرَتِکَ. (خدایا از تو تمامیّت وضو و تمامیّت نماز و تمامیّت خوشنودی و مغفرتت را خواهانم.)

پس قصد از وضوء تائب شدن از مَکاره است بکُلّی یعنی شستن دست از آنچه نهی شده و متوجّه شدن به همهٔ وجوه حیاتی به حضرت حق و انقطاع از تعلّقات دنیوی و نفسانی و روی به خدا آوردن به صدق.

بنابر ضرورت، در تَیَمُّم دست بر خاک پاک صُعود دهنده زدن، و به حقیقت، توبه از خاک و متعلّقات آنست، نه دست بر هر خاک مُشتبه آلودن و به صورت و دهان و چشم مالیدن که منطق عقلی ندارد، بخصوص که رعایت نظافت در هر حال از شروط ایمانست خواه ظاهری یا باطنی.

قالَ رَسُولُ اللهِ صَلَّی اللهُ عَلَیْهِ وَ آلِهِ وَ سَلَّمَ: اَلنَّظافَةُ مِنَ الْایمانِ.

به همین منوال مقصُود از نفی خواطر شستشوی مُستَحْدِثات فکری و دماغی است از خبط و شُبهه و اُوهام یعنی ترک منهیّات. و مسح سر نشانهٔ ثبات قوای فکری در وحدت مطلقهٔ حق و اقرار به یگانگی اوست. و مسح قدم نشانهٔ پاکیزگی قدم از سیر در خطاهای گذشته است و تثبیت آن در راه حق. (۷۳)

۷۳– در اینجا باید دقّت نمود که طیّ اینگونه طریق، در مسیری که در واقع برای انسان ناشناخته می‌باشد، بدون وجود راهنمای دانا و من جانب الله، امری محال است. به عبارت دیگر کلّیهٔ اعمال انسان، در جهت رفع موانع موجود برای رسیدن به امر حیاتی، ضرورتاً باید به تأیید معلّمی خدائی از او سر بزند. در حقیقت این

غسل ظاهر تطهیر بدنست و غسل باطن به ترک هوای نفس و خودبینی. و تطهیر و تزکیهٔ نفوس و قلوب به آب رحمت و عنایت و کرامت حضرت حق است جَلَّ شأنه.

قال الله تعالی: قَدْ اَفْلَحَ مَنْ تَزَکّیٰ ٭ وَ ذَکَرَ اسْمَ رَبِّهِ فَصَلّیٰ. (سورهٔ ۸۷ اعلیٰ / آیات ۱۴ و ۱۵) (محقّقاً کسی که پاکیزگی جست نجات یافت و نام پروردگارش را بیاد آورد و سپس نماز گزارد.)

خواجه شمس‌الدّین محمّد حافظ می‌گوید:

من هماندم که وضو ساختم از چشمهٔ عشق

چهار تکبیر زدم یکسره بر هر چه که هست

وقت نماز

مولا علی علیه السّلام فرموده است: اَلْوَقْتُ سَیْفٌ قَاطِعٌ. یعنی قطع کننده از آنکه نمازگزار از جمیع تعلّقات امکانی بریده، و به حقیقت، وقت، دقایقی است که بنده به تمام وجود متذکّر حضرت حق جَلَّ و عَلاست.

معلّم است که با حذف عوامل منع کننده، تمام همّت و قوّت متعلّم را هم‌جهت و یکسو نموده و او را آمادهٔ قرب می‌نماید. مجاهدهٔ دانش‌آموز، تنها عرضهٔ آمادگی حقیقی در امتداد هم جنسی و هم موجی و پذیرش همه جانبهٔ امر پاکسازی است. هنگامی که معلّم چنین قابلیّت پذیرشی را در متعلّم بازیافت، امر تعلیم تحقّق یافته و علم، عملاً حاصل می‌گردد.

وقت از مقدّمات نماز و شرعاً اوقاتی است جهت عبادت در شبانه روز.

قال النبيّ صَلَّی الله عَلَیْهِ وَ آلِهِ وَ سَلَّم: لِی مَعَ اللهِ وَقْتٌ لَایَسَعُنِی فِیهِ مَلَكٌ مُقَرَّبٌ وَ لَا نَبِیٌّ مُرْسَلٌ هُوَ فِیهِ اَنَا وَ اَنَا فِیهِ هُوَ، اِلّا اَنْ هُوَ هُوَ وَ اَنَا اَنَا. (مرا با خداوند وقتی است که در آن وقت نه ملک مقرّب و نه نبیّ مرسل به وسعت من نرسد، او منم، و من او، جز اینکه او اوست، و من من.)[٧٤]

در معنی وقت گفته شده: اَلْوَقْتُ عِنْدَهُمْ ما کانَ الْغالِبُ عَلَی الْاِنْسانِ. (در نزد آنان وقت چیزی است که بر انسان غالب باشد.)

و قیل: اَلْوَقْتُ ما اَنْتَ بِهِ اِنْ کُنْتَ بِالدُّنْیا فَوَقْتُکَ الدُّنْیا وَ کَذلِکَ الْعُقْبی.

٧٤- در مراتب و زمان اقامهٔ نماز، امر مورد تحقیق نقطهٔ عطف است. بنابراین می‌توان نقطهٔ عطف را در ارتباط با صبح، ظهر و یا غروب به چگونگی مراتب انسان در عرضهٔ موجودیّتش متوجّه نمود (که در صفحات بعد دقیق‌تر توضیح داده خواهد شد). مطلب حائز اهمیّت آن است که وقت و زمان که اعلام کنندهٔ وجوه انسان است، متوجّه به کدامیک از مراتب وجودی اوست. در صورتی که وجه انسانی در جهت تزکیه و طهارت باشد، آنچه عرضه کننده است، اصل حیاتی است. زمانی که در امتداد مراتب باشد، آثار حیاتی بارز خواهند گشت. به همین دلیل «وقت» در نماز مستقیماً به امر «ولایت» مرتبط است. چون جامعیّت استقرار لحظات حیاتی انسان در نقطهٔ عطف است، بنابراین متوجّه به قابلیّت قبول امر هدایت خواهد شد، که مسلّماً امری باطنی است. مصاحبت خداوند با انسان به معنای استقرار نقطهٔ عطف در امتداد امر هدایت است، که این واقعیّت را در علم دین «وحی» می‌نامند. حاکمیّت هدایت در امر جذبه شامل افراط و تفریط نبوده، متوجّه به اصل عدل و تحقّق این امر عین قانون است.

وقت آنست که تو در آنی) اگر در دنیا باشی پس وقت تو در دنیاست و همچنین است آخرت.)

و یقولون: اَلصُّوفِیُّ ابْنُ وَقْتِهِ یُریِدُونَ بِذٰلِکَ اَنَّهُ یَشْتَغِلُ بِماٰ هُوَ اَوْلیٰ بِهِ فِی الْحالِ. (صوفی فرزند وقت خود است و قصدشان از این بیان اینست که به آنچه در حال، سزاوار است مشغول باشند.)

و قیل: اَلْوَقْتُ بِماٰ یَمْضیِهِ الْحَقِّ وَ ماٰ یَجْریهِ غاٰلِب. (وقت آنست که حق آن را امضا کند و غالب به آن بکشاند.)

از عارفی پرسیدند که چند سال داری؟ گفت: «چهار سال.» با اینکه در سنین کهولت بود. گفتند: «چگونه چنین می‌گویی؟» گفت: «عمر من همانست که در عبادت حق صرف شده و الّا باقی به حساب عمر نمی‌آید.» و این حقیقت وقت نزد مؤمن است باطناً. (۷۵)

پس وقت مـعیّن و مـقرّر بـه جـهت ایـن جـامعیّت اجـتماعی قـلب

۷۵- امر هدایت و ولایت باید از بطن وجود انسان سرزده و تمام مراتب زندگی او را مملو سازد. بنابراین نه اجباری است و نه متوجّه به نیازها و احتیاجات محدود و زودگذر طبیعی. ملاک صحّت وقوع آن «عشق» است، که در توازن و عدل حاکم است. لذا آنچه عرضه شود، حیات است.

زمانی که امر هدایت، در راستای نظم و موافقت حقیقی و یا به عبارت دیگر معرفت، تحقّق عملی یافت، کلیهٔ نسبتها و مراتب نیز در امتداد چنین مرکزیّتی قرار خواهند گرفت. در غیر اینصورت جهات عادتی و آداب و رسومی که فاقد ارزش حقیقی می‌باشند، قوّت می‌یابند.

مسئله‌ایست در کمال اهمیّت که نمازگزار باید بر آن مواظبت و دقّت کامل کند و از آن که خداوند جَلَّ و عَلا اکرم الاکرمین است، چون تمنّای بنده‌ای بپذیرد در آن وقت هر بنده که در آن حال باشد مستغرق آن جود و مشمول آن کرامت خواهد بود.[76]

قال الله تعالیٰ: اَقِمِ الصَّلوٰةَ لِدُلُوکِ الشَّمْسِ اِلیٰ غَسَقِ اللَّیْلِ وَ قُرْآنِ الْفَجْرِ اِنَّ قُرْآنَ الْفَجْرِ کانَ مَشْهُوداً* وَ مِنَ اللَّیْلِ فَتَهَجَّدْ بِهِ نافِلَةً لَکَ عَسیٰ اَنْ یَبْعَثَکَ رَبُّکَ مَقاماً مَحْمُوداً. (سورۀ ۱۷ اسراء/ آیات ۷۸ و ۷۹) (نماز را از زوال خورشید تا اوّل تاریکی شب، «هنگامی که شفق غایب می‌شود»، برپا دار و قرآن فجر، همانا که قرآن فجر مشهود است. و از شب تهجّد کن نافله‌ای برای خود، امید است که خداوند ترا به مقامی پسندیده مبعوث گرداند.)

تعمّق در کلمات «دُلوک» که به معنی زوال (ظهر) و هنگام میل خورشید به غروب است و همچنین از توجّه به معانی دیگر «دُلَک» می‌توان تمام روز از طلوع تا غروب خورشید را استنباط کرد. و «غَسَق» که به معنی تاریکی اوّل شب و ظلمت شدید نصف شب است و «فجر» که میانه‌ای بین شب و روز است و امتداد آن تا طلوع خورشید و انضمام آن گاهی به شب

۷۶- وقت یعنی تمام آن لحظاتی که حقیقت انسان بر اصل وجودی خویش قیام کرده، هست و ثابت هست. سیر مراتب را عرضه می‌کند امّا متوجّه محدودیتها نیست.

و گاهی به روز و استقلالش از شب و روز و همچنین «تهجُّد» که هم بـه معنی خوابست و هم به معنی بیداری و اختصاص وقتش به نیمهٔ دوّم شب علی الخصوص به ثلث آخر شب، رساننده این امر است که اقامهٔ نماز در بین خواب و بیداری و وقت اقامهٔ نماز در تـمام شبانهروز است و ایـن اشارتی است به قوله تبارک و تعالیٰ، الَّذینَ هُمْ عَـلیٰ صَـلاٰتِهِمْ دائِمُونَ. (سورهٔ ۷۰ معارج/ آیهٔ ۲۳) (آنانکه دائم در نمازند.)

و بین خواب و بیداری از این جهت که خواب غفلت است و بیداری بستگی به تعلّقات طبیعی.[۷۷]

از این رو اهل باطن مشاهدات و دریافتهای وجدانی خـود را در بـین خواب و بیداری بیان کردهاند و این دقایق نزد اهلش معلوم است و برای مؤمن مستقلاً معنای نماز همین است. یعنی وقتی نیست کـه مـؤمن بـه خداوند نیاز نداشته باشد و متوجّه نباشد و ایـن بـه آن مـعنی نیست کـه

۷۷- استقرار موجودیّت انسان در حاکـمیّت عَـدل مـوجب تـحقّق بساطت در جامعیّت گشته و نتیجتاً تعاریف قراردادی زمان و مکان، معنای خـود را از دست میدهند. این امر زمانی حاصل شدنی است که اوّلاً انسان متوجّه غفلت خود شده و ثانیاً توجّه او از جواذب و وابستگیهای خیالی و بیرونی تدریجاً به اصل هویّت و مرکزیّت حیاتی خود معطوف گردد. عالم خواب، محیط غفلت است و عالم بیداری، محیط جاذبهها و وابستگیهاست. بنابراین شرط لازم برای تـحقّق عملی تحکیم اصل حیاتی و استقرار در عـدل وجـودی، دوری از غفلت و رهـائی از وابستگیهاست.

عبادات و معرفت به خدا کسی را از امر اعاشه و کار روزانه باز دارد کـه زندگی انبیاء عظام و ائمّهٔ اطهار و اولیاء عـالیمقام روشـن‌تریـن اسـتشهاد است چنانچه حضرت رسول اکرم صلّی اللّه علیه و آله و سلّم فرمود: اِذٰا رَاَیْتُمُ الرَّجُلَ کَثیرَ الصَّلوٰةِ وَ کَثیرَ الصِّیامِ فَلٰا تُباهیهِ حَتّیٰ تَنْظُرُوا کَیْفَ عَقْلُهُ.

یعنی به محض اینکه ببینید شخصی پُر نماز و روزه است به او ننازید تا میزان عقلش را ملاحظه کنید. عاقل حقیقی کسی است که از افراط و تفریط بپرهیزد و اعمال حیاتیش به عدالت باشد. اهل عبادت به هرچه می‌نگرند روی دوست می‌بینند و با همهٔ وجود عبادت حق را استقبال می‌کنند.[٧٨]

پرداختن به امور طبیعی آنان را از یاد حق بازنمی‌دارد. در حدیث قدسی آمده است که: مَنْ اَحَبَّ شَیْئاً اَکْثَرَ ذِکْرَهُ وَ اَنَا جَلیسُ مَنْ ذَکَرَنی. (هر کس چیزی را دوست دارد بسیار یاد آن کند و من همنشین کسی هستم که مرا یاد کند.)

و اینانند که حق تعالیٰ می‌فرماید: رِجالٌ لٰا تُلْهیهِمْ تِجارَةٌ وَ لٰا بَیْعٌ عَـنْ ذِکْرِ اللّهِ وَ اِقٰامِ الصَّلوٰةِ. (سورهٔ ٢٤ نور/ آیهٔ ٣٧) (مردانی هستند که تجارت و خرید و فروش آنان را از یاد خداوند و اقامهٔ نماز بازنمی‌دارد.)

قوله تعالیٰ: اِنَّ الْاِنْسانَ خُلِقَ هَلُوعاً* اِذٰا مَسَّهُ الشَّرُّ جَزُوعاً* وَ اِذٰا مَسَّهُ الْخَیْرُ مَنُوعاً* اِلَّا الْمُصَلّینَ* اَلَّذینَ هُمْ عَلیٰ صَلوٰتِهِمْ دائِمُون. (سورهٔ ٧٠

٧٨- وقتی‌گفته می‌شود نماز، باید علّت عرضهٔ آن را جستجو کرد تـا بـعد سـایر مسائل قابل رجوع شود.

معارج/ آیات ۱۹ الی ۲۳) (انسان آزمند آفریده شده است، وقتی که بدی به او برسد نالانست و گاهی که خوبی به او برسد خودداری کننده است مگر نمازگزاران که آنان دائم در نمازند.)

قوله تعالی: اَقِمِ الصَّلٰوةَ طَرَفَیِ النَّهارِ وَ زُلَفاً مِنَ اللَّیْلِ اِنَّ الْحَسَناٰتِ یُذْهِبْنَ السَّیِّئاٰتِ ذٰلِکَ ذِکْریٰ لِلذّاٰکِرِینَ.(۷۹) **(سورهٔ ۱۱ هود/ آیهٔ ۱۱۴) (در دو طرف**

۷۹- سیئات یعنی بدی، افراط و تفریط. حسنات یعنی خوب. هر آنچه که براساس قابلیّت عرضه، در نقطهٔ اعتدال خویش ظهور کرده و تمام مراتب وجودی خود را مملو می‌کند. در آنصورت نماز صبح در هنگام صبح، نماز ظهر در وقت ظهر و نماز عصر به هنگام عصر، نماز مغرب پس از غروب و نماز عشا هم در وقت عشا اقامه می‌شود. نه اینکه جهات عادتی و اجباری را پیروی کند. انسان باید سیر تعالی خود و آنچه که هستی اعلام کنندهٔ آن است را عرضه نماید. هر روش و یا قانونی هم برای این امر آنست که ملاقات یا برخورد با امر احدیّت در آنجاکه انسان استقرار دارد واقع شود و او لایتناهی را، ماسوای جهات معمول، عرضه کند.

حرم انسان باید در مسیر حیاتی خود الزاماً استوار گشته و پایه‌های آن محکم شده باشند. بنابراین به منظور تحقّق این استواری و حمایت باطنی باید هرگونه مانعی، که سدّ راه او گشته، زدوده شود. در این راستا شب به معنای استتار هر آنچه در هستی است و روز به معنای یافتن معرّف در وجود انسان است و این هنگامی است که اصل و مرکزیّت وجودی در او حاکم گشته و جهت هدایتی برای پذیرش بازیافته باشد. به عبارت دیگر در ابتدای امر باید منبع افاضه کننده برای انسان قابل برخورد و شناخت باشد، تا سیر در مسیر حیاتی او میسّر گردد. همانگونه که قبلاً نیز بیان گردید، مورد نظر از اشاره به شب و روز اختلافات و تناسبات زمین و

الصّلاة

روز و ساعاتی از شب نماز را بر پای‌دار که نیکی‌ها بدیها را پاک می‌کنند و آن ذکر است برای ذاکران.)

منظور از حسنات نمازهای پنجگانه است و چنانکه در شرایط وضوء از مقدّمات نماز و نیّت مذکور افتاد رعایت مصادیق حسنهٔ شرعی حاکی از تنزیه و تطهیر کلّی است و در پاک کردن گناهان دو قول است:

اوّل لطفی است در ترک سیّئات چنانکه خدای تعالی فرموده است:

اِنَّ الصَّلوٰةَ تَنْهیٰ عَنِ الْفَحْشَاءِ وَ الْمُنْکَرِ. (سورهٔ ۲۹ عنکبوت/ آیهٔ ۴۵)

(نماز از فحشاء و منکر باز دارنده است.)

دوّم کفّارهٔ خطاهای حاصله از عبد است. چون انوار هدایات، وجود نمازگزار را احاطه کرد نورانیّت حاصل می‌کند، چنانکه پیغمبر اکرم صلّی الله علیه و آله و سلّم فرموده: قُرَّةُ عَیْنِی فِی الصَّلوٰةِ (روشنی چشم من در نماز است.) [80]

خورشید نیست، بلکه جهات عقلی، ایمانی و بطور کلّی قانون مطرح است. اصولاً در امر حیاتی آثار و نمودارها دخالتی ندارند.

۸۰- ارتکاب خطا از جانب انسان به دلیل آلودگی اوست. آلودگی به معنای عدم حاکمیّت تعادل است و نتیجهٔ توجّه و بستگی به کلّیهٔ عوامل ناشناخته و متغیّر. از یکی از ائمّهٔ اطهار نقل است که فرموده‌اند، بزرگی یا کوچکی خطا مورد نظر نیست، بلکه آنچه اهمیّت دارد پیگیری این بی‌تعادلی و سرچشمه‌ای است که نتیجهٔ آن به صورت خطا ظاهر گردید. بنابراین ضرورتاً باید جستجو و تحقیق انسان به منظور مملو گشتن همه‌جانبهٔ اصل وجودی «عدل» در موجودیّت وی

الصّلاة ٨٨

روشنی روز زایل کنندۀ تاریکی شب است و روشنائی علم و مـعرفت زایل کننده جهل و نادانی و در این باره افاضات کثیره از حـضرات ائـمّۀ اطهار علیهم السّلام وارد شده و از آن جمله است روایت ابوحمزۀ ثَمالی:

مولا علی علیه السّلام فرماید: شنیدم حبیب من رسول خدا صلّی اللّه علیه و آله و سلّم فرمود: امیدوار کننده‌ترین آیه در کتاب خدا اینست: اَقِمِ الصَّلوةَ طَرَفَیِ النَّهارِ... الی آخر آیه، قسم به او که مرا بحق بشیر و نـذیر مبعوث کرده هر یک از شما که از وضوء برخیزد گناهان از جوارحش بریزد و چون با روی قلب متوجّه به خداوند شود چیزی از گناهان در او نماند و

سوره هود - ۱۱۴

دائمی باشد.

مسئله‌ای که در امتداد امر صلاة و این مراتب، دستورالعمل است این است که می‌خواهد خدا را ملاقات نماید و تلاقی پیداکند، یعنی آن جامعیّت، آن بسط هر چیزی جدا از آن جامعیّت باشد نمی‌تواند به فطرت ربط پیداکند. تا زمانی که انسان رو در رو خدا را ملاقات نکرده است قوانین حیات برای او صورت اجرائی پیدا نمی‌کنند. این رو در روئی' مستلزم عرضۀ وجه خدائی انسان، و در واقع معنای حقیقی تسبیح است. چون فطرت انسان جوهره‌ای دانا و بیناست و هـمه چیز متوجّه به اوست. آنچه که در امتداد نسبتهاست جهت حقیقی نمی‌تواند داشته باشد ولی هر آنچه که متوجّه به فطرت باشد همه داناست. لذا چنین تلاقی حقیقتاً در جامعیّت و بساطت همه جانبه قابل تحقّق است. وقوع این امر باید در مسـیر استقرار قوّتها در مراتب خود باشد به گونه‌ای که در تـناسب بـا عامل مـحرّک، عرضۀ حقیقی داشته و جهت پرورشی پیداکند تا قابلیّت قبول، خود عرضه کننده گردد و آن توازن وجودی انسان است که به نام «من» شناخته می‌شود.

دوباره متولّد شده باشد و اگر در فواصل نماز نیز گناهی مرتکب شود در وضوی بعدی پاک شود تا اینکه نمازهای پنجگانه را برشمرد،[۸۱] سپس گفت:

۸۱- انسان نمی‌تواند امر بسیط را در امتداد نسبتها تجزیه و تحلیل کند، زیرا ادواتی که بکار گرفته می‌شود محدود است. و این همانند آن است که برای بچّه‌ای نابالغ، مسائل بلوغ همه جانبه تعریف شود. چون برای او در ارتباط با این الفاظ تجربه‌ای واقع نشده بنابراین نمی‌تواند برداشت ذهنی یا تصوّری صحیح داشته باشد. امّا همین قدر که از برای او امر بلوغ واقع شود مسائل برای او صورت تجسّم می‌گیرد در اینصورت برداشت او نه ساختگی است و نه خیالی. آنچه که با او هست در امتداد مراتب انسانی قابل برخورد خواهد شد. قبل از آن چون قوّه‌ها هنوز به کار نبوده تطابق و توازن دادن امری است محال. قبل از آنکه وی بالغ شود، آنچه می‌شنود صورت ذهنی دارد، امّا همین که بالغ شد آن قوّتها مراتب وجودی وی را آبیاری می‌کند و با این امر آشنا می‌گردد تا جائی که اصولاً برای او می‌تواند بینائی واقع شود.

در اینجا توجّه به اینکه امر بینائی واجد دو مرتبه می‌باشد حائز اهمیّت است: اوّل تصوّر (Imagination) و آن هنگامی است که یکسری معلومات سطحی و بدون محتوی در نتیجهٔ گفتارها و به نسبت موافقتهایی که با آنها دارد، در ذهن انسان نقش می‌بندد. دوّم تجسّم (Visualization) و آن زمانی است که قوای انسانی در توازن و اعتدال در مراتب خویش جهت تحرّک و عرضه و پرورشی پیدا کرده باشد و در نتیجه حقیقتاً می‌بیند و به آنچه می‌بیند واقف است. بنابراین تجسّم یعنی شکل دهی به آن چیزی که برای انسان محرز است نه اینکه وی در امتداد امور ذهنی بخواهد چیزی را شکل دهد تا با مفهوم بیرونی موافقت پیدا کند. تصوّر و تجسّم با هم کاملاً فرق دارند. تصوّر، متوجّه به قراین می‌شود که مجازی و متوجّه به فرضیات است. حال آنکه تجسّم، حقیقی بوده و به اصل

الصّلاة

۹۰

یا علی جز این نیست که نمازهای پنجگانه برای امّت من مثل نهری است جاری بر در خانهٔ هر یک از شما. پس چه گمان می‌کند کسی که در تن او آلودگی باشد، و پنج بار در آن نهر شستشو کند، آیا آلوده می‌ماند؟ به خدا سوگند که نمازهای پنجگانه برای امّت من چنین است. (مجمع البیان) (۸۲)

فطرت و جهات اعتقادی و ایمانی فرد متوجّه می‌شود. ملاقات و رودررویی خداوند در مسیر معرفت مسلّماً مصداقی از مورد دوّم است. امور باطنی نمی‌تواند آداب و رسومی باشد.

امیرالمؤمنین علی(ع) فرموده‌اند: «دیده را که نمی‌توان پرستید.» یعنی امر دیدن در ایشان هست. در همه افراد انسان نیز هست. شرط اوّل، دیدن است و بعد قوانین و چگونگیها در مراتب وجودی باید اشاعه و پرورش پیدا کند تا سرانجام عوامل بیرونی با آن موافقت حاصل نماید. این امر بالعکس نیست.

تا وقتی که چشم و ذهن انسان با غیر از خدا مشغول باشد با خدا نمی‌تواند برخورد داشته باشد. اصل این است که انسان در جهت خداوند قدم بردارد وگرنه در همه حال تحوّلات سلّولی کار خود را انجام می‌دهند.

۸۲- تا زمانی که هر یک از مراتب وجودی انسان متوجّه داد و ستدهای بیرونی است، آنچه حاصل می‌شود، تصوّرات، خیالات و آرزوها و انقلابات سلّولی نام دارد. چنانچه درست هم باشد چون بنای آن بر متغیّرات است قابل اتّکا نیست. امّا هنگامی که مسائل متوجّه به ذات و فطرت انسان می‌گردد چون بنایش بر امر بسیط و لایتناهی است بدون آنکه اشکالی پیش بیاید در همهٔ مراتب جوابگوست. در طبیعت و عالم ناسوت می‌بینیم که ماه و زمین و آنچه که در افراد بشر پدیدار است همه متوجّه به خورشید است. در واقع خورشید حکمران است و بقیه خود را براساس ضوابطی که مقدّر و مقدور آنهاست با آن تطبیق می‌دهند. به عبارت

این روایت فضیلت ادای نماز را در اوقات خود تعیین و تأکید می‌کند که موقوف به رعایت فواصل اوقات نماز در پنج وقت (متمایز) از هم باشد.

قوله تعالیٰ: فَسُبْحانَ اللّهِ حِینَ تُمْسُونَ وَ حِینَ تُصْبِحُونَ۞ وَ لَهُ الْحَمْدُ فِی السَّمٰواتِ وَ الْاَرْضِ وَ عَشِیّاً وَ حِینَ تُظْهِرُونَ. (سورهٔ ۳۰ روم/ آیات ۱۷ و ۱۸) (شبانگاه و صبحگاهان خدای را تنزیه کنید و بـرای اوست حـمد در آسمانها و زمین «و تنزیه کنید» هنگام عشاء و ظهر.)

اِخبار به تنزیه الله تعالیٰ و ثناء اوست که «سبحان» مصدر و به معنی امر است یعنی تسبیح کنید خداوند را هنگام شب و صبح و حمد برای اوست در آسمانها و زمین و هنگام عشاء و هنگام ظهر. و بـه تأویـل دیگـر در حقیقت عمر همچون یک روز است که به محض تولّد زمانی نمی‌گذرد که انسان به دامن مرگ می‌افتد پس سعادتمند کسی است که عمر را به عبادت

دیگر همه متوجّه این مرکزیّت هستند. توجّه به مرکزیّتِ افاضه کننده امری است که انسان باید انجام دهد تا از توازن و جامعیّت همه جانبه برخوردار شود و این مستلزم آنست که بعضی از مسائل را از خود سلب کند تا او از آلودگیها دور بماند. به همین جهت می‌گویند طهارت و وضو لازم است. بنابراین وقتی به امری به نام ذکر یا یادآوری صحبت می‌شود (مراد) منبع افاضه و افاضه کننده است که انسان باید دائماً رجوعش به آن باشد تا در اعـتدال اسـتقرار یـابد. غـیر از آن افراط و تفریط است. وقتی خداوند می‌فرماید: «در دو طرف روز و ساعاتی از شب نماز را برپای دار» برپای داشتن یعنی قیام کردن همه جانبه در نقطهٔ اعتدال، تا هستی همه جانبه باشد.

حق بگزارد، امّا نماز صبح متوجّه به عبادت ابتدای ظهور بـلـوغ است و طلوع قوای جوانی و ظهر به استواء قوّت جوانی و عصر چهل سالگی که فرموده‌اند: مَنْ بَلَغَ الْاَرْبَعِينَ وَ لَمْ يُفْلِحْ لاٰ يَأْتِي مِنْهُ شَيْءٌ. (هر کس به چهل سالگی برسد و رستگار نشود چیزی از او برنیاید.)‍(۸۳)

و مغرب، اوّلِ زایل شدنِ قوای طبیعی و شیخوخیّت.

و عشاء زایل شدن عشق‌ها و نیروهای جوانی و از بـیـن رفتن قـوای طبیعی.

بعضی گفته‌اند: اَلدُّنْيٰا يَوْمٌ وَ لَنٰا فِيهٰا صَوْمٌ. (دنیا یک روز است و ما در آن روزه‌ایم.)

و چه خوب گفته است.

وجه تسمیهٔ نماز به تسبیح و تقارن تسبیح با حمد این است که تسبیح تنزیه خدای تعالیٰ است به شرط معرفت و آن از صفات مخلوق است زیرا مخلوق، متّصف به صفات کمالی نبوده و مستحقّ عبادت نیست و عبادت

۸۳- تا هنگامی که آن مرکزیّت افاضه کننده در نـقـطـهٔ عـدل خـویـش بـه عـنوان شاخص بر وجود انسان حاکم نباشد وی در افراط و تفریط و سیئات است و در نتیجه دائماً در تزلزل خواهد بود. همهٔ دقایق انسان الزاماً بایستی در امتداد این امر بسیط و حیاتی باشد نه انقلابات و تحوّلات و یا امور واهی و متزلزل، و اگر قرار باشد انسان در امتداد این سیر حیاتی عرضه کنندهٔ این عدل بـاشد قـبل از چهل سالگی باید این امر واقع شده باشد تا پس از آنهم نـمـودارهـایـش هر لحظه بصورت حقیقی عرضه شود.

مخلوق، بت پرستی و از شئون اسلام خارج است.

لقوله تعالی: وَ لَهُ الْحَمْدُ فِی السَّمٰواتِ وَ الْأَرْضِ. (سورهٔ ۳۰ روم/ آیهٔ ۱۸) (حَمد مَرْ او راست در آسمانها و زمین.)

فَمَنْ کٰانَ یَرْجُوا لِقٰاءَ رَبِّهِ فَلْیَعْمَلْ عَمَلاً صٰالِحاً وَ لٰا یُشْرِکْ بِعِبٰادَةِ رَبِّهِ أَحَداً. (سورهٔ ۱۸ کهف/ آیهٔ ۱۱۰) (هر کس به ملاقات خداوند امید دارد، پس باید که عمل صالح کند و به عبادت پروردگارش احدی را شریک قرار ندهد.)[۸۴]

و قوله تعالی: فَاصْبِرْ عَلیٰ مٰا یَقُولُونَ وَ سَبِّحْ بِحَمْدِ رَبِّکَ قَبْلَ طُلُوع

۸۴- چون صحبت در ملاقات و دیدار است، در وهلهٔ اوّل باید رجوع نمازگزار و هر نموداری که از او سرمی‌زند متوجّه و مبتنی بر مرکزیّتی باشد که هم داناست و هم واجد جامعیّتی همه جانبه است تا بتواند در امتداد ضوابط و قوانین برای آنچه که می‌خواهد، جهت اجرائی بگیرد، جوابگو باشد. اینجاست که نمازگزار باید بسیاری از آلودگیها را پاک کند. در تسبیح و تزکیه نمی‌تواند مسائل دیگر را جانشین کرده باشد این است که این پاکسازی باید لساناً، فعلاً، قلباً، فکراً، ذوقاً، میلاً و بطور کلّی در همه جهات باشد تا در تزکیه و امر یگانگی، از قانون بسیط بودن تبعیت نماید. در زندگی معمول هم می‌توان دید که وقتی شخصی بر موضوعی یا امری پافشاری می‌کند و توجّهی همه جانبه به آن دارد، در آن امر دیدش وسیعتر می‌شود و اگر در ابتدا به میزان کافی آن مطلب را نمی‌دانست حالا بهتر می‌تواند در مورد آن موضوع تفکّر و تجزیه و تحلیل نماید. در مسائل باطن هم همین گونه است. شخص هر قدر نسبت به مسئله‌ای، همه‌جانبه قوّت و اتّکا داشته باشد در میدان وسیعتری آن را عرضه می‌کند.

الشَّمْسِ وَ قَبْلَ غُرُوبِهاٰ وَ مِنْ آناٰیءِ اللَّیْلِ فَسَبِّحْ وَ اَطْراٰفَ النَّهاٰرِ لَعَلَّکَ تَرْضیٰ. (سورهٔ ۲۰ طه/ آیهٔ ۱۳۰) (بر آنچه گویند صبر کن و بحمد پروردگارت تسبیح کن قبل از طلوع شمس و قبل از غروبش و از وقتهایی در شبْ پس تسبیح کن و همچنین در اطراف روز، شاید خشنود شوی.)

بعضی را قول بر این است که منظور از این آیه اقامهٔ نمازهای پنجگانه در این اوقاتست: قبل از طلوع شمس اشاره به نماز صبح است و قبل از غروب اشاره به ظهر و عصر زیرا که در نصف دوّم روز قرار دارد، وقتهائی از شب و تقدیم زمان در «مُنْ آناٰیءِ اللَّیْلِ.» تنبیه بر این است که ابتدا وقت مغرب و عشاء از اوّل شب و فضیلت آن از این جهت است که در شب، نفس مایل به استراحت، و عبادت در آن سخت‌تر است و خدای تعالی فرموده: اِنَّ ناٰشِئَةَ اللَّیْلِ هِیَ اَشَدُّ وَطَأً وَ اَقْوَمُ قِیلاً. (سورهٔ ۷۳ مزمّل/ آیهٔ ۶) (همانا که برخاستن شب سخت‌تر است در دشواری و درست‌تر است از راه گفتار.)

زیرا علاوه بر هجوم نفس کسالت بدن ناشی از بیخوابی بخصوص برای پیران گریبانگیر انسان است.[۸۵]

۸۵– هنگام عبادت انسان نباید مسائل روزمرّه را با خود داشته باشد و به عبارت دیگر قوّهٔ کامل را مصروف چیزهای دیگری کند. به همین دلیل می‌فرماید: «باید یادآور شوی.» یعنی ذکر. چه مسئله‌ای را می‌خواهد یادآور شود؟ گفت و شنودها تا ذهنیات، همه رنگهای ظاهری یا آرزوئی است. به همین دلیل صحبت از توبه،

در تأویل آیه اگر بوی بی‌عشقی و کم اشتیاقی بنده به عبادت استشمام شود باید به عبادت انسان در ایام کهولت توسعه داد که چون پایان ایام زندگی است قوای بدنی به کلّی کاسته و خدای نخواسته تقاضاهای طبع حیوانی با فقدان قوّتهای جوانی بپاخاسته، در چنین حالی بی‌ترس از مرگ و کراهت بل بمحض بندگی و عبادت برخاستن شوقی وافر و ایمانی کامل می‌خواهد که رنج تن را به هیچ انگارد و چون جوانان، با ایمان محکم و اشتیاق دل تحصیل توشهٔ معنوی کند.

باید دانست که تعلیمات قرآن شامل تمام مراتب وجود است چنانچه در مورد اوقات عبادات هم، روز روشن و شب تاریک و بسط و قبض در احوال سلوک و اشتغال به طاعات در اوان جوانی و دوران پیری را در برمی‌گیرد. و به همین دلائل اسلام دینی است کامل و مکمّل پس هرگونه بدعتی در لباس دوستی و یا دشمنی که ناشی از سلیقه‌های شخصیّتهای انفرادی باشد در حکم خیانت به اصول تمدّن عالی بشری است و رسالت پیغمبر مکرم صَلَّی اللهُ عَلَیْهِ وَ آلِهِ وَ سَلَّم ختم بر کافّهٔ جامعهٔ بشریّت است.

ملاقات و امید است. یعنی انسان قبل از آنکه بخواهد کاری را انجام دهد باید به نهایت کار خویش، دانا باشد. وقتی دانائی حاکم شد تمام قوّتهای وی در آن امتداد در کار خواهد بود. شرط اوّلیه آنست که شخص جمعیّت را فراهم کرده باشد یعنی خود را از افکار فارغ کرده باشد تا استقرار در آن مرکزیّت را عرضه نموده، پایداری کند.

الصّلاة   ۹۶

اِنَّ الدّینَ عِنْدَ اللّهِ الْاِسْلامُ. (سورهٔ ۳ آل عمران/ آیهٔ ۱۹) (دین نزد خداوند اسلام است.)

قوله تعالی: وَ سَبِّحْ بِحَمْدِ رَبِّکَ قَبْلَ طُلُوعِ الشَّمْسِ وَ قَبْلَ الْغُرُوبِ* وَ مِنَ اللَّیْلِ فَسَبِّحْهُ وَ اَدْبارَ السُّجُودِ. (سورهٔ ۵۰ ق/ آیات ۳۹ و ۴۰) (به حمد پروردگارت قبل از طلوع شمس و قبل از غروب تسبیح کن و از شب و بعد از سجده‌ها او را تنزیه کن.)

و نزدیک به آن است در سورهٔ طور، وَ سَبِّحْ بِحَمْدِ رَبِّکَ حِینَ تَقُومُ* وَ مِنَ اللَّیْلِ فَسَبِّحْهُ وَ اِدْبارَ النُّجُومِ. (سورهٔ ۵۲ طور/ آیات ۴۸ و ۴۹) هنگامی که برمی‌خیزی و از شب و پشت سَرِ ستارگان بحمد پروردگارت او را تسبیح کن.)

منظور از «اَدْبارَ السُّجُودِ» تعقیب بعد از نمازهاست به تسبیح و دعا و منظور از «اِدْبارَ النُّجُومِ» هنگامی است که روشنائی صبح ستاره را می‌پوشاند و گفته‌اند که منظور نماز صبح است. (۸۶)

۸۶- هنگامی که موجودیّت انسان پذیرای حاکمیّت قانون گشت، کلّیهٔ نمودارهای او اعم از اعمال، گفتار و نیّات وی متوجّه به قوانینی است که از مرکزیّت وجود ساطع می‌گردد. با وجود اینکه این نمودارها شامل مراتب می‌باشند، عرضه‌ای جز خواست منبع افاضه کننده که همان جامعیّت است، نخواهند داشت. در واقع پذیرش امر یا رجوع همه جانبه به مرکزیّت افاضه کننده در این امتداد است. آنچه در اینجا مورد صحبت است، امر جامعیّت یا بسیط می‌باشد که به محض قیام، سیری از بی‌نهایت تا بی‌نهایت خواهد داشت. مانند «الف» که حتّی اگر

الصّلاة

علم اسرار حروف و علم اعداد در عداد علومی است از متفرّعات جَفر
جامع که منسوب به حضرات ائمّهٔ اطهار علیهم السّلام و جزء علومی است
که از قرآن کریم و حروف مقطّعهٔ قرآنی استخراج و استفاده شده است و
فقیر شطری از آن را در کتاب «مثنوی گلزار امید» و کتاب «اوزان و میزان»
ذکر کرده است. این علوم که در ردیف علوم غریبه شهرت دارد به وسیلهٔ
بسیاری از معاریف عرفای شامخین و حکمای الهیّین و محقّقین اسلامی از
متقدّمین تدوین و تعقیب شده است. البتّه این دو علم غیر از علم نقطه (علم
رَمْل) است و نیز مسائل مطروحهٔ گروه نقطَویّون ابداً مربوط به مسائل و
علوم مذکور نیست و دیگر علم اوفاق و مربّعات که حاوی ادعیهٔ مأثوره و
شامل اسرار علماء کیمیاوی است، در آثار متقدّمین مثل شیخ محی‌الدّین
عربی و غزّالی و نظامی گنجوی و خواجه شمس‌الدّین محمّد حافظ و
مولانا جلال‌الدّین محمّد مولوی صاحب «مثنوی» و امیر سیّد نورالدّین
نعمت الله و متوسّطین مثل شیخ بهاءالدّین محمّد عاملی (در بیان اسم
اعظم) و محمود دهدار عیانی از علماء بزرگ کیمیاوی و از متأخّرین شیخ
احمد احسائی و سیّد کاظم رشتی (در شرح قصیده) و آقا علی مدرّس
حکیم و بسیاری دیگر از علماء و محقّقین اسلامی به ویژه آقا سیّد علی

نمودارهای ظاهراً محدود را بپذیرد باز هم متوجّه به همان مرکزیّت افاضه کننده یا
نقطهٔ عدل است. نمودارهای ظاهری برای آنچه در عمق وجود سیّال است قابل
محاسبه نمی‌باشند. در واقع قیام متکی بر امر جامعیّت است.

الصّلاة

٩٨

قزوینیِ الشّهیر به علاقبند که از اساتید این فن بوده، شروحی مشروح در این علوم دارند.

با توجّه به مطالب مذکور در فوق باید دانست که علوم مـذکور جـزء مستحدَثات قرن اخیر نیست و سوء استفاده و تقلید مبتذل و غلط گروهی عام و نسبت دادن به دیگران جهت فریب اَغنام در ایـن زمـان کـاریست ننگین و شرم‌آور که دور از شئونات عالیهٔ اخلاقی و انسانی است.

با توجّه به معالم و معارف دقیق اسلامی و دریـای بیکران افاضات معنوی قرآن کریم و تبیین حضرت ختمی مُرتبت صَلَّی الله عَلَیْهِ و آلِهِ وَ سَلَّم و علوم منتشره و تأویلات عالیهٔ حضرات ائمّهٔ اطهار علیهم السّلام خاطر مستعدّین و محقّقین را متوجّه می‌دارد که بنابر قواعد علوم جفر و حروف و اعداد که این لا شیء بنا به عنایات حضرت احدیّت و افـاضات مـعنوی وقوف کامل بر آنها دارد، اصل حکم شارع مقدّس در قصد و نیّت صلوة تکبیر و تهلیل و تسبیحات مصلّی قرب به درگاه حضرت احدیّت به حفظ و تعظیم کلمهٔ طیّبهٔ «لا إِلٰهَ اِلَّا الله» قلباً و لساناً و جوارحاً جهت نِیل به مدارج عالیهٔ انسانی می‌باشد. (۸۷)

۸۷- تطابق همه جانبهٔ وجودی با امر هستی، دافع کلّیهٔ عوامل منع کننده و مزاحم که همان نمودارهای ظاهری و سطحی‌اند خواهد بود.

به عنوان مثال بذری را در نظر می‌گیریم که در زمین مستعدّی کاشته شود. بذر که برخوردار از جامعیّت بوده و پذیراست، سـیر خـویش را عـرضه مـی‌نماید و

الصّلاة ٩٩

در اوقات نماز و تعداد رکعات آن در ۲۴ ساعت شبانه روز، کلمهٔ تامّهٔ «لاٰ اِلٰهَ اِلَّا الله» مُبیّن اسراریست که مقصود مُصلّی و قصد و مقصد در نماز است. توضیح اینکه در کلمهٔ «لاٰ اِلٰهَ اِلَّا الله» پنج الف مکتوبی است کـه در

نتیجتاً تمام مراتب وجودی او در نـمودارهـا تـجلّی یـافته، لذا قابل بـرخـورد و ملاحظه میگردند. ارزیابی هر یک از مراتب سیر حیاتی گیاه، مبیّن آن است که کلّیهٔ نقاط و ذرّات آن واجد امر جامعیّت و مملو کننده بـوده و در نـتیجه هـیچ واقعهای سر نمیزند مگر اینکه اصل آن در کنه وجود آن نقاط و ذرّاتِ مـوجود بوده باشد. اگر تک تک این نقاط و ذرّات مورد بررسی قرار گیرند، نـمیتوان تفاوتی بین آنها مشاهده نمود زیرا همه عرضه کنندهٔ آن امر جامع و بسیطی هستند که در کُنهِ وجودِ گیاه مختفی است. اوّلین نقطهٔ پذیرای رشد در گیاه، عقدهٔ حیاتی است که آغاز رشد و نمو ریشه و ساقه از آنجاست. پس از آن نیز اتکاءِ و تـوجّه کلّیهٔ اجزای گیاه به همان مرکزیّت میباشد.

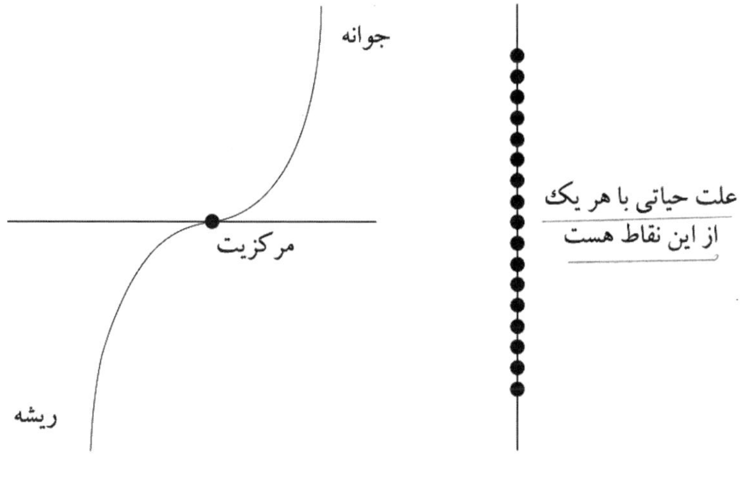

صورت و معنی دلیل بر احدیّت مطلقه است و تخصیص اوقات نماز به پنج نوبت در شبانه روز متوجّه به صور پنجگانه جوارح نمازگزار است که به هنگام نماز واقع می‌شود و آنها عبارت‌اند از: قیام، رکوع، قیام متّصل به رکوع، سجود و تشهّد.

مجموع حروف کلمهٔ طیّبهٔ «لا اِلهَ اِلّا الله» ۱۲ حرف است با جمع پنج الف تأکید توحیدی که اوقات وجوب نماز است جمعاً ۱۷ و تعداد رکعات نماز برحسب آن تعیین شده است.

دیگر اینکه «صراط المستقیم» در سورهٔ فاتحة الکتاب که در نماز واجب است در پنج جزو و حروفش ۱۲ و موافق با حروف «لا اِلهَ اِلّا الله» است که متوجّه به عبادات واجبه در ۲۴ ساعت شبانه روز است. این اسرار و نکات دیگری که منطبق با اعمال جوارح است چنانست که شارع مقدّس، تشریع فرموده و به تواتر مورد عمل عبادی و اعتقادی جامعهٔ مسلمین و متدیّنین جهانست. پس نمازهای واجب ۱۷ رکعت در پنج نوبت است.[88] وقت نماز صبح از لحظهٔ پایان شب یعنی فجر صادق است تا طلوع خورشید که

۸۸- در مراتب مادّی، آنچه قابل ملاحظه است این است که آثار حیات هیچ شباهتی به آن اصل حیاتی ندارد. مراتبی که در رشد و نمو هر نمودار حیاتی قابل عرضه است در کنه آن مخفی است. اگر علّت حیاتی حاکم و آمر نباشد تظاهر وجودی امری محال است. بنابراین آنچه تظاهر و تجلّی می‌یابد امر حیاتی، خالق و یا علّت حیاتی است.

الصّلاة ١٠١

هنگام شکوفائی حیات و تغذیه از هوای صاف و لطیف و موادّ حیاتی مُمِّد سلامتی روح و جسم است و باطن آن تسبیحی است لازم جهت بنده‌ئی که ظلمتهای نفسانی را به قوّت همّت و رعایت ریاضات بر طاعات عبادات در هم نوردیده و صبح سعادت را که از افق روحش طالع شده دریافته است و اشاره است به معرفتی که صاحبدلان نیکو فطرت و موفّق از شکستن محدودیّت خویش و دریدن پرده‌های ظلمانی نفس بدست آورده و قدم به وادی فناء فی الله نهاده از هستی خود فانی و به مرتبهٔ بقاء بالله رسیده و دلهایشان به نور علم و هدایت روشن و متذکّر به تجلّیات حضرت احدیّت‌اند.

نماز ظهر و عصر نمود وجود در استقرار حقیقی موجودیّت نمازگزار به شأن مشیّت و خلقت است که چهار رکعت ظهر به منزلهٔ چهار رکن علّت ایجاد است و با چهار رکعت عصر جمعاً هشت رکعت می‌شود زیرا روز در بسط وجود نتیجهٔ موجودیّت شمس است و الف احدیّت در تکثّر اعیان و ارکان امکانی، مَظهر بسط احدیّت در کثرات می‌باشد.

در اسرار حروف (۸۹) آمده که عرش حروف الف است و ظهور و بسط

۸۹- در اینجا اشاره‌ای مختصر به علم حروف و ارتباط و تطابق آن با مبحث مذکور حائز اهمیّت است. هنگامی که همهٔ مراتب وجودی، در طهارت کامل، متوجّه به امر حیاتی گردید، آنچه حاکمیّت خواهد داشت، رکن الهی، یعنی امر هدایت می‌باشد و هادی از بطن، عرضه گشته و با بیرون هم تناسب پیدا می‌نماید.

آن در هشت حرف به این شرح (ا ل ف ل ا م ف ا) و حرف الف در اوّل و وسط و آخر به منزلهٔ ظهور حق در عوالم امکان اشاره به اقامهٔ صلوٰهٔ صبح و ظهر و عصر است و نزد اهل باطن اشاره به سیر الی الله و مع الله و فی الله است.

الف مکتوبی (ا) در دایرهٔ ابجد اوّلین حرف است و بسط آن ۸ و آن هشتمین حرف ابجد یعنی حرف «ح» است و چون هر یک از نمازهای ظهر و عصر چهار رکعت می‌باشد در حقیقت تکرار شده است. (۹۰) اگر حروف

یعنی برخورد باطنی با معلّمی حاصل می‌شود که نظم دهندهٔ بیرون نیز هست. در نام‌گذاریها و جمله‌بندیها نیز همین گونه است. به عنوان مثال «الف»، علّت شکل پذیری سایر حروف است، زیرا متّکی به یک نقطهٔ ثابت بوده و جهات لایتناهی را عرضه می‌نماید. این جهت، رکن الهی است. به عبارت دیگر این نقطه است که در سیر قرار می‌گیرد و این را سیر ذاتی یا عرضهٔ معرفت می‌گویند که می‌شود «الف». حرف «ب» در امتداد شاخصیّت و شکل پذیری است، یعنی حاکمیّت مطلقه در سیر عقلی که رکن عقلی می‌باشد و قوانین را شامل می‌شود. حرف «جیم» در مرتبهٔ عناصر داد و ستد داشته و رکن نفسی است و بالاخره حرف «دال» چگونگی داد و ستد عناصر بوده و رکن طبیعی می‌باشد. حاکمیّت این ارکان در عمق هستی و توازن همه جانبه‌اند. اینها چهار حرف اوّل حروف «ابجد» و نمودار چهار رکن اصلی ارکان هستی در مسیر هدایت می‌باشند.

۹۰- هنگامی که نقطه واجد جهت عقلانی گردد، «الف» تجلّی می‌یابد. معنای «لا»، فنای تمام جهات و نمودارهای ظاهری نقاط است در امری که در کنه وجود اوست. و این در واقع سیری است که موجود در مرتبهٔ وجود، از بینهایت تا بینهایت، پذیرفته است. در حقیقت «نفی» عین «بقا»ست که این معنای همه جانبه

مکرّر در الف مبسوطه را نیز حذف نمائیم چهار حرف باقی می‌ماند که در دایرهٔ ابجدی «دال» می‌شود و مستحصلهٔ آن احد/اح د است. و این معنی نمایشگر حقیقت کلمات حق در بسط الف احدیّت است در مناطق اسماء و صفات و ذات. از آنکه خورشید به هنگام نماز ظهر و عصر در بسط کلّی خود می‌باشد و نماز ظهر و عصر از ظهر شرعی که آفتاب بدون سایه می‌تابد، نازل گردیده و مظاهر ظهورات مستفیض از افاضات حضرت احدیّت در استوای تام و مطلق است. عصر وجود که از فیض‌بخشی شمس ازل ظاهراً مستفیض است و ظلّ انانیّت نیز از موجودیّت عبد و کلّیهٔ عوالم متعدّده ظاهر است.

و حقیقی «لا» است. دایره‌ای که در «لا» قابل مشاهده است دایرهٔ «موجود» بوده و زمانی که موجودیّت انسان متّکی بر آن امر یا وجود باشد، سیر او در امتداد لایتناهی از بینهایت تا بینهایت است که در کُنهِ اوست امّا قابل برخورد نیست مانند آن بذر. نمودارها متوجّه به زمینه‌ها می‌باشند. علّت حیاتی در عدل، حیات را و در مراتب نفسانی و نسبی، طبیعت را عرضه می‌کند.

با تحقیق در قانون «لاٰ اِلهَ اِلَّا الله» مشاهده می‌گردد که «لا» در عین اعلام نفی ابعاد، یعنی «اله»، خود اعلام کنندهٔ بقاست و نیستی مورد صحبت نیست، این به معنای «شکست حد در بی‌حدی» است. قیام همه جانبهٔ کلّیه مراتب حیاتی انسان در امر وجودی، که علّت حیاتی است اشاره به لفظ «الله» دارد که جهت ذاتی وجه «هو» بوده و روحش «علی» است. زمانی که کلّیهٔ مراتب وجودی در جمعیّت خود و در تبعیت همه جانبه از مرکزیّت افاضه کننده باشند معنای «محمّد» اعلام می‌گردد.

وقت نماز مغرب[۹۱] از غروب خورشید است و نماز عشا پس از آن. نماز مغرب سه رکعت و عشا چهار رکعت و دو رکعت نماز صبح جمعاً نُه رکعت این است که ذات مطلق چون در تجلّیات صفاتی به ظهور کثرات متعلّق شد و عالم ناسوت را حیات و جنبش بخشید، از طریق آباء و امّهات و موالید، کثرات و موجودیّت به هم رسید و حضرت ذات در حجاب پردهٔ ظلمت امکانی مختفی شد. پس هدایت نفوس به کشف انوار قلبی ولایت مصطفوی در سُلوک است.[۹۲]

۹۱- نماز مغرب هنگامی است که خورشید ظاهراً در سایه عرضه شده و اصل، یعنی خود خورشید، قابل مشاهده نیست. در مسیر علم باطن، مغرب نمازگزار زمانی است که نمودار ظاهری او مشاهده شده ولی امر جامعیّت که اصل وجودی اوست، رؤیت نمی‌گردد.

۹۲- ابعاد فیزیکی انسان حول سه محور امکانی او، یعنی آباء و امهات و موالید، در گردشند. به بیان دیگر انسان واجد سه بعد بوده و بر همین اساس نماز مغرب شامل سه رکعت است. در حقیقت نماز مغرب به منزلهٔ بذری است که اگرچه واجد جامعیّتی پنهان است ولی اختیارات از او سلب شده و تنها ظاهر آن در محدودیّتها عرضه گردیده است و برای عرضهٔ همه جانبهٔ امر جامعیّت در او، باید در زیر خاک قرار گیرد. به بیان دیگر علم حیات در عین استقرار در جامعیّت و حاکمیّت در سایه‌ها مخفی است. در واقع چون ذرّات نور در عین حضور و جمعیّت، ظهور نموداری خورشید را تحقّق بخشیده‌اند بر همین مبنا اگر انسان در ذهنیّات خود در ارتباط با آن جامعیّت دچار کم و زیاد کردنها و مقایسات گردد، دستخوش تفرقه و استهلاک شده، از بین خواهد رفت. درست همانند بذری که در سطح مانده و در عمق خاک کاشته نشود. چنانچه انسان به غیر خود بپردازد و به

پـنج يـعنى خـامس آل عـبا نُه بـود نُـه تـن امـامان هُـدىٰ

طا و ها را چهارده معصوم دان هاديان حـضرت قـيّوم خـوان

قالَ اَلنَّبِيُّ صَلَّى اللهُ عَلَيْهِ وَ آلِهِ وَ سَلَّم: اِنَّ لِلّٰهِ سَبْعِينَ اَلْفَ حِجابٍ مِنْ نُورٍ وَ ظُلْمَةٍ لَوْ كُشِفَ واحِدٌ مِنْها لَاَحْرَقَتْ سَبحاتُ وَجْهِهِ ما انْتَهىٰ اِلَيْهِ بَصَرُهُ مِنَ الْخَلْقِ.

(براى خداوند هفتاد هزار حجاب است از نور و ظلمت كه اگر يكى از آنها كشف شود سبحات وجه او تا مُنتهىٰ اليه چشم خلق را بسوزاند.)(٩٣)

اكتسابيات مشغول شود، مانند بذرى خواهد بود كه در راه افتاده و لگدمال گرديده است، لذا فوت خواهد شد. به عبارت ديگر از آنجا كه وجود، بحث و بسيط و لايتناهى است حصول يك اطمينان همه جانبه با رجوع و اتّكاء به عوامل محدود يعنى قياسهاى ذهنى، غيرممكن بوده و سردرگمى و پيچيدگى كشف امر هستى را دامن مى‌زند. به همين دليل مجاهدهٔ انسان در مسير شكوفائى حقيقت هويّت خود بايد بى‌وقفه و بى‌انتها، متكى و متوجّه به مركزيّت افاضه كننده و جامع در خود باشد. از اين رو در اشارات خداوند و تعاليم انبياء و اولياء شامخين، مؤمن آنچنان شخصيّتى است كه در مسير كشف هويّت حقيقى خود قرار گرفته، امّا هنوز به مبدأ، منتها و بطوركلى پشتوانهٔ تمام تحوّلات و چگونگيها، يعنى جامعيّت، دست پيدا نكرده، مخاطب واقع گشته و به تقوىٰ و پرهيزكارى دعوت مى‌شود تا با صرف هرچه كه در اختيار اوست بتواند ذرّه ذرّه و لايه به لايه خود را از لابلاى موانع و پرده‌ها بيرون كشيده و اصل، مركز، نقطهٔ عطف و بالاخره حقيقت حيات خود را كشف نمايد.

٩٣- اصولاً اگر قرار باشد كه انسان چيزى را كاشف باشد، از درونش است تا درنتيجهٔ آن به هستى موجود در متن وجود خويش معرفت پيداكند. در حقيقت

الصّلاة   ۱۰۶

تکلیف آدم به صفای قلب و گذشتن از اطوار سبعۀ قلبیّه و انوار سبعۀ غیبیّه است چنانکه حضرت رسول مکرّم صَلَّی الله عَلَیْهِ وَ آلِهِ وَ سَلَّم فرمود که: «بین او و حق، هفتاد هزار حجاب از نور و ظلمت است و سالک صادق و مؤمن متّقی باید از آن بگذرد.»

پس نماز عشا در ظلمت محض است و نور هدایت از جهت ولایت که مــاهتاب آســمان ازلی است کسب انــوار از شــمس ذات مــی‌کند، و در سماوات دل مؤمن طالع است و نماز عشا چهار رکعت در قالب چهار رُکن موجودیّت است و در حقیقت:

سیاهی گر بدانی نــور ذاتست   به تاریکی درون آب حیاتست

اینجا قدم عشق موفّق است و سالک به ذوق قلبی گــذشته از فــرایــض از نوافل مراد حاصل می‌کند. (۹۴)

مسئلۀ کشف و دریافتِ حقیقتِ آنچه که هست مستلزم آنست که منبع افاضه کننده در ابتدای امر برای هر نفسی قابل شناخت و برخورد باشد تا ســایر مســائل قــابل تفهیم و قابل اجرا باشند.

۹۴- نماز عشا هنگامی است که روشنائی ظاهراً محو گردیده و آثار خورشید به کلّی قابل مشاهده نمی‌باشد. اگرچه ذرّات نور به صورت متفرّق وجود دارند ولی از اصل و مبدأ یعنی خورشید ظاهراً هم خبری نیست. از دیدگاه علم باطن یا علم دین، عشاء نمازگزار زمانی است که نمودار ظاهری او نیز همانند جامعیّتش که در سیاهی است، قابل رؤیت نبوده و به دلیل قرار داشتن در تاریکی قابل تشخیص نمی‌باشد. در حقیقت نماز عشاء به منزلۀ ریشه و بذر و نمودار حیات است که در

قبله

اِنّی وَجَّهْتُ وَجْهِیَ لِلَّذی فَطَرَ السَّمٰواتِ وَ الْاَرْضَ حَنیفاً وَ ما اَنَا مِنَ الْمُشْرِکینَ. (سورهٔ ۶ انعام/ آیهٔ ۷۹) (روی گردانیدم به آنکه آسمانها و زمین را آفریده روی کردنی حنیف و من از مشرکان نیستم.)

از شرایط لازم و ضرور نماز و نمازگزار روی آوردن به قبلهٔ ظاهری است در ظاهر و توجّه به کعبهٔ دل باطناً که خانهٔ خدا و دل مؤمن است.

قالَ بَعْضُ اَهْلِ الْمَعْرِفَةِ: عَجِبْتُ مِمَّنْ یَقْطَعُ الْبَوادِیَ وَ الْقِفارَ وَ الْـمَفاوِزَ حَتّیٰ یَصِلَ اِلَی الْکَعْبَةِ وَ لاٰ یَقْطَعُ الْمَهاوِسَ النَّفْسانِیَّةَ حَتّیٰ یَصِلَ اِلیٰ قَلْبِهِ وَ فیهِ اٰثارُ مَوْلاٰهُ. (عجب دارم از کسی که صحراها و بیابانها را طی میکند تا به کعبه برسد و اضطرابات نفسانیّه را طی نمیکند تا به قلبش که در آن آثار

تاریکی خاک رخنه نموده و رشد مینماید. به بیان دیگر این امر همان جامعیّتی است که در تاریکی خاک عرضهٔ وجود مینماید و در واقع علم در تاریکی عرضه گردیده و در سیر است. بذر با تکیه بر چهار نیرو، چهار رکن عناصر و یا چهار طبع بر خود قیام مینماید تا سیر از خود تا خود را تحقّق بخشد. بر همین مبنا نماز عشاء شامل چهار رکعت است. در حقیقت نمازگزار در نماز عشاء توحید و یگانگی وجود را در کثرات عرضه مینماید و به منظور تحقّق چنین امر عظیمی، تمام تمایلات، بستگیها و ثقلها را از سر راه خود برداشته و توفیق گسستن کلّیهٔ قید و بندها را مییابد. بنابراین خاک به عنوان نمودار زمینهٔ مادّی انسان و ریشه و همچنین جوانهٔ حیاتی که به منزلهٔ وجوه مادّی و معنوی نمازگزار میباشند بریک نقطه قیام مینمایند.

مولایش هست برسد.)

قوله تعالی: سَيَقُولُ السُّفَهاءُ مِنَ النّاسِ ما وَلّيٰهُمْ عَنْ قِبْلَتِهِمُ الَّتي كـانُوا عَلَيْها قُلْ لِلّٰهِ الْمَشْرِقُ وَ الْمَغْرِبُ يَهْدي مَنْ يَشاءُ اِلىٰ صِراطٍ مُسْتَقيم. (سورهٔ ۲ بقره/ آیهٔ ۱۴۲) (سفیهان از مردم گویند که چه چیز آنان را از قبله‌شان که بودند برگرداند؟ بگو مشرق و مغرب برای خداست، هر کس را که بخواهد به راه راست هدایت نماید.)(۹۵)

به صیغهٔ استقبال است به جهت خبر دادن از آنچه می‌آید از جهت تجلّیات باطنی قلب. قبله مرجعی است که در مقابل قرار داشته باشد و سپس در نماز معیّن گردد. و آن جهتی است که وجوه وجودی نمازگزار

۹۵- قیام و رجعت انسان به حقیقت واقعیّت خود باید ضرورتاً متوجّه به مرکزیّتی باشد که نزد اهل باطن «قبله» نامیده می‌شود. با توجّه به این اصل، قبله از انسان جدا نیست و در حقیقت قبلهٔ مؤمن قلب اوست. مرکزیّتی که با مرکزیّت جهان مادّی و کهکشانی، ظاهراً و باطناً، چه از جهات مادّی و مغناطیسی و چه از جهات باطنی و معنوی یک واحد است. واقعیّت این مرکزیّت زمانی معنا پیدا می‌کند که انسان در نقطهٔ عدل وجودی خود مستقر گردد و موجودیّتش تا نهایت قیام کرده و هیچیک از ابعاد زمان و مکان در آن نقشی نداشته باشند. محلّ آن بدون هیچ قید و شرطی، دل مؤمن است. در حقیقت برای آنکه انسان، به دلیل نیاز فطری، جهت خدائی پیدا کند الزاماً باید از دل مدد گرفته و رجوع همه جانبهٔ او به دل باشد. همانگونه که قبلاً نیز اشاره گردید استقرار در مرکزیّت وجودی یا نقطهٔ عدل و یا رجوع به عقدهٔ حیاتی قلب مستلزم حاکمیّت ثبات در مقام حقیقی نمازگزار است که قبول امانت الهی نموده و همه جانبه عرضه کنندهٔ آن می‌گردد.

باید ظاهراً و باطناً متوجّه به آن باشد، ظاهرش همان مکانی است کـه حضرت رسول مکرّم صَلَّی الله عَلَیْهِ وَ آلِهِ وَ سَلَّم مقرّر فرموده و باطناً بـه حکم آیات الهی و تأکید حضرت پیغمبر اکرم صلّی الله علیه و آله و سلّم آئینهٔ صافی قلب عبد مؤمن است که جز حق در آن نگنجد و نیّت نماز هم همان است که جهت قُرب به حق باشد و نیز صحّت نماز به حضور قلب است.

قالَ الله تَعالیٰ: وَ حَیْثُ ما کُنْتُمْ فَوَلُّوا وُجُوهَکُمْ شَطْرَهُ. (سورهٔ ۲ بقره/ آیهٔ ۱۴۴) (هر کجا که بودید رویتان را بدان سو کنید.)

تخصیص داده است حضرت ختمی مرتبت صَلَّی الله عَلَیْهِ وَ آلِهِ وَ سَلَّم به امر، به خاطر بزرگداشت شأن او و رغبت او و سپس تعمیم داده به امر تصریحاً به عموم حکم و تأکید امر قبله و اختصاص داده است به امّت برای متابعت (وَ حَیْثُماٰ) مخصوص مکان است یعنی در هر مکان که باشند. پس لازم می‌آید که تمام اهل عالم در نمازشان بر سطح دایره‌ای باشند کامل حول مرکزیّت مغناطیسی و معنوی کعبه، بعضیها نزدیک و بعضیها دور، امّا از شرایط متحتّمه و واجب در اقامهٔ صلوة و همچنین شروع به وضوء نیّت است و آن قصدی است حقیقی که متّکی به علم و معرفت و ایمان است و انصراف یافتن از ماسوی الله است بکلّی و رجوع به حضرت اوست بکلّیه بدون هیچ تکلّفی. (۹۶)

ــ

۹۶-گشایش در مسیر تحقیقی نمازگزار و ظهور هرچه آشکارتر عظمت وجود با

قالَ اَهْلُ الْمَعْرِفَةِ: اَلذّاكِرُونَ فی ذِكْرِهِ اَكْثَرُ غَفْلَةً مِنَ النّاسینَ فی ذِكْرِهِ.
(آنکه لساناً متذكّر است غافلتر از آن كس است كه لساناً متذكّر حق نیست.)

زیرا اگر او را یاد دارد قلباً و ذكر او را لساناً فراموش كند بِهْ از آنست كه
ذكر را لساناً گوید و به دل فراموش كند.

نمازگزار هنگامی كه در قیام صلوة است عمل جوارح او در قیام، حاكی
از قصدی است كه حضور قلب و تَفَهُّم و استقامت در ذكر حق و رجاء و
حیاء را ملحوظ وجود خود می‌دارد و معلوم است كه قصد، دلیل ایمان و
ایمان، دلیل یقین و یقین، دلیل تصدیق و تصدیق، اقرار و اقرار، اداء، و آن،
دلیل به عمل صالح است. قالَ عَلیٌّ علیه السّلام، اَلْاِسْلاْمُ هُوَ التَّسْلیْمُ وَ
التَّسْلیْمُ هُوَ الْیَقیْنُ و الْیَقیْنُ هُوَ التَّصْدیْقُ و التَّصْدیْقُ هُوَ الْاِقْرارُ وَالْاِقْرارُ هُوَ
الْاَداءُ وَ الْاَداءُ هُوَ الْعَمَلُ. اگر به دیدۀ معرفت نظر كنیم می‌بینیم تمام معارف
و معالم دین در نماز، مُنْضَبِط است. [97]

استقرار هرچه بیشتر او در توازن وجودی تحقّق‌پذیر بوده و تحصیل این امر تنها
از طریق مجاهده و پافشاری در جهت خالص شدن و اسقاط اضافات كه نتیجتاً
منجر به حاكمیّت اعتدال و سلامت همه جانبه خواهد شد، حاصل شدنی است كه
این در واقع مبین اصل معرفت یا حقیقت عرفان است.

97- نماز صبح هنگامی است كه وجه تاریكی و وجه روشنایی ظاهراً در افق در
تلاقی قرار می‌گیرند. این واقعیّت در حقیقت نقطۀ عظفی است كه در تـاریكی
شب گم نشده و در شدّت روز نیز ناپیدا نیست و به مـنزلۀ آغـاز شكـوفائی روز
می‌باشد. نزد اهل باطن، صبح نمازگزار زمانی است كه جوانۀ حیاتی او با تكیه بر

در رسالهٔ «سِراجُ الْهُدیٰ» از قول اهل معرفت ذکر شده که:

در مقاصد دقایق الصَّلوٰةِ عِمادِ الدِّینْ. (نماز ستون دین است.)

قیل: اَلْمُرادُ مِنَ الشَّریعَةِ ماٰ اَمَرَ بِهِ اللّٰهُ وَ رَسُولُهُ مِنَ الْوُضُوءِ وَ الصَّلوٰةِ وَ

تمام نمودارهای عنصری و مادّی خود قیام نموده و با زدودن تاریکیها و شکستن محدودیّتها سر از خاك بیرون آورده و راز عقدهٔ حیاتی گشوده شده است.

هم جهت عنصری در امتداد عناصر و هم جهت ملکوتی با اوست. هم مراتب را عرضه می‌کند و هم متکی به اصل و وجودیش می‌باشد یعنی همان صورتی که در نماز داریم. «لا» این دو محوری که با او هست، هم نفی کننده است و هم اصلاح کننده. به همین مناسبت نماز صبح دو رکعت است مانند شمشیر امیرالمؤمنین که دو دم است.

اهل باطن این حال را که یک وضعیت بینابینی است «صبح صادق» نامیده‌اند. بر همین اساس نماز صبح شامل دو رکعت است که اشاره به ظاهر و باطن، دم و بازدم، زمینی و ملکوتی، روشنایی و تاریکی داشته و عرضه کننده بی‌تکلّفی و جامعیّت می‌باشد. در حقیقت این واقعیت، قانون نفی مراتب و اعلام کننده حیات ابدی است. اصل «لا» که در دم و بازدم عملاً عرضه می‌گردد، مبیّن این مطلب است که تا انسان در تحقّق قانون نفی مراتب استقرار نیابد به اصل حیات یا بقا دست نخواهد یافت. در حقیقت نفی نمودارهای محدود و مرتبه‌ای که از انسان در «دم» سرمی‌زند به منظور جریان حیات ابدی او ضروری و بنابراین قیام کلّیهٔ مراتب وجودی او بر نقطهٔ عدل وجودی الزامی است. سر برآوردن بذر از خاك و افاضهٔ حیات در مراتب شامل ریشه، ساقه، برگ، گل و میوه و همچنین در روشنائی و تاریکی در آسمان و خاك در مراتب ملکوتی و مادّی همگی در یکپارچگی عرضه کننده یك واقعیّت می‌باشند. واقعیّتی که ماورای مراتب قراردادی بوده و متوجّه به اصل توازن وجودی در راستای حیات ابدی است.

الصّلاة ۱۱۲

الصَّوْمُ وَ الزَّكوٰةِ وَ الْحَجِّ وَ تَرْكِ الْحَرامِ وَ غَيْرِ ذٰلِكَ مِنَ الْأَوامِرِ وَ النَّواهِي، وَ الطَّرِيقَةُ الْأَخْذُ بِالتَّقْوىٰ وَ التَّقَرُّبُ اِلَى الْمَوْلىٰ مِنْ قَطْعِ الْمَنازِلِ وَ الْمَقاماتِ وَ اَمَّا الْحَقِيقَةُ فَهِيَ الْوُصُولُ اِلَى الْمَقْصَدِ وَ مُشاهَدَةُ نُورِ التَّجَلّي كَما قِيلَ فِي الصَّلوٰةِ: اَلصَّلوٰةُ خِدْمَةٌ وَ قُرْبَةٌ وَ وَصْلَةٌ، اَلْخِدْمَةُ هِيَ الشَّرِيعَةُ وَ الْقُرْبَةُ هِيَ الطَّرِيقَةُ وَ الْوَصْلَةُ هِيَ الْحَقِيقَةُ، وَ الصَّلوٰةُ جامِعَةٌ لِهٰذِهِ الْخِصالِ الثَّلاثَةِ كَما قِيلَ: اَلشَّرِيعَةُ اَنْ تَعْبُدَهُ وَ الطَّرِيقَةُ اَنْ تَحْضُرَهُ وَ الْحَقِيقَةُ اَنْ تَشْهَدَهُ. (مُراد از شریعت همانست که خدای و رسولش به آن امر کرده از آن وضو و نماز و صوم (روزه) و زکوة و حج و ترک حرام و غیر آن از اوامر و نواهی، و طریقت به پرهیزکاری و تقرّب به مولیٰ است در قطع منازل و مقامات، و امّا حقیقت وصول به مقصد حق است و مشاهدهٔ نور تجلّی، چنانکه در نماز گفته‌اند: نماز، بندگی و قُرب حق و وُصول است که بندگی شریعت، و قرب به حق طریقت، و وصول حقیقت است. و نماز جامع این اصول سه گانه است چنانکه گفته‌اند: شریعت آنست که بندگی کنی و طریق آنست که حق را حاضر دانی و حقیقت آنست که در مقام مُشاهدهٔ حق باشی.)[۹۸]

سؤال کرده‌اند از معنی شریعت و حقیقت، گفته‌اند:

مَعْنَى الشَّرِيعَةِ اَنْ تَعْبُدَهُ وَ الْحَقِيقَةِ اَنْ تَشْهَدَهُ قَوْلُهُ تَعالىٰ: «اِيّاكَ نَعْبُدُ»

۹۸- برای اینکه انسان بتواند واقعیّت را عرضه کند بایستی در نقطهٔ عطف استقرار یافته و هیچگونه‌گرایش و تمایلی به جوانب نداشته، یعنی اصل عدل حاکمیّت داشته باشد.

حِفْظُ الشَّرِيعَةِ و «اِيّاكَ نَسْتَعينُ» اِقْرارٌ بِالْحَقيقَةِ.

عَنْ ابْنِ مَسْعُودٍ رَضِىَ الله عَنْهُ، قالَ سَأَلْتُ رَسُولَ الله صَلَّى الله عَلَيْهِ وَ آلِهِ وَ سَلَّمَ:

اَىُّ الْاَعْمالِ اَحَبُّ اِلَى اللهِ تَعالىٰ؟ قالَ: اَلصَّلوةُ لِوَقْتِها.

ابن عبّاس(رض) نیز گوید از رسول صلّی الله علیه و آله و سلّم پرسیدم کدام یک از اعمال نزد خداوند محبوب‌تر است؟ فرمود: نماز در وقت خود. (۹۹)

۹۹- نماز ظهر هنگامی است که خورشید ظاهراً در تابش مستقیم بوده و دیگر سایه و روشن وجود ندارد. از دیدگاه علم باطن، ظهر نمازگزار زمانی است که دوروئیها و دوبینی‌ها از او زائل گشته و از شرک رسته است و این به معنای تحقّق عملی رهائی از کلّیهٔ قید و بندهای ساختگی و خیالی، قیاسهای ذهنی، شکستن زنجیرهای تعلّق، عبور از محدوده‌های فرضی و بالاخره شکستن پیکرهٔ مجعول خودی است. به عبارت دیگر حیات مطلقه در نمودار مادّی اعلام وجود می‌نماید. در این وهله قیام نمازگزار بر جامعیّت بوده و سایه‌ها و تظاهرات آنها در سیر او نقشی ایفا نمی‌کنند.

نماز عصر هنگامی است که خورشید ظاهراً در تابش است ولی دیگر واجد حرارت و خصوصیّات هنگام ظهر نبوده و در حال غروب و پنهان گشتن است. از دیدگاه علم باطن، عصر نمازگزار زمانی است که او در سیر از خود تا خود به نتیجه رسیده و شجرهٔ وجودیش به بار نشسته و ثمره داده است. به بیان دیگر به عهد خود و به آنچه که تمام موجودیّتش بر آن امر استوار می‌باشد، قائم گردیده است. بدین معناکه به فرمایش خداوندکه «اَلَمْ اَعْهَدْ عَلَیْکُمْ یا بَنی آدَم» پاسخ‌گفته است. برهمین اساس فرموده‌اند: هرکس نماز عصرش فوت شود بر اهل و مال خود ظلم

الصَّلاة

وَ اِيْضاً قَالَ النَّبِيُّ صَلَواتُ اللهُ عَلَيْهِ وَ آلِهِ وَ سَلَّمْ: اِنَّ الْمُصَلّىٰ لَيَقْرَعُ بَابَ الْمَلِكِ وَ لاٰبُدَّ لِمَنْ قَرَعَ الْبَابَ اَنْ يُفْتَحَ لَـهُ. (نـمازگزار در خانهٔ مـلک را می‌کوبد و لابد برای کسی که در می‌زند در باز خواهد شد.) و قالَ عَلَيْهِ السَّلامُ: لاٰ فَرِيضَةَ بَعْدَ الْاِيمانٰ اَفْضَلُ مِنَ الصَّلوٰةِ فِى الْاٰدَبِ. (بعد از ایمان هیچ فریضه‌ای در ادب برتر از نماز نیست.) (۱۰۰)

کرده است. در این موضع، فوت یا هدر شدن به این معناست کـه تـمام قـوّت و جریان حیاتی در کار بوده ولی بی‌ثمر مانده و از بین رفته است.

۱۰۰- بطور کلّی هر پدیده‌ای که در هستی لایتناهی واجد نموداری گردیده، خواه سلّول، خواه انسان، خواه زمین و یا کهکشان، موجودیّتش مـتوجّه بـه مـرکزیّتی است که در خود و با خود اوست. نکتهٔ قابل توجّه آنکه تمام این نمودارها، بدون هیچ تخطّی متوجّه و تسلیم محض به مرکزیّت وجودی خود بوده و آن جامعیّت را به طور اتم در مرتبهٔ خود عرضه می‌نمایند. از طرفی چون انسان تنها موجودی است که تمام مراتب هستی را واجد می‌باشد لذا ضروری است که آن جامعیّت را همه جانبه عرضه نماید. البتّه قابل ذکر است که این جامعیّت ضمن سیر همهٔ مراتب وجودی واجد آثار بوده ولی خود، آن آثار نمی‌باشد. چنانچه انسان در امـتداد سیر وجودیش در امکان متوجّه این مرکزیّت وجودی در خود نگردد، حتّی اگر سیستم طبیعی او عملکرد صحیح داشته و فعالیّت اعصاب از جهت فیزیکی نیز در کارآئی نهایی خود باشند، او از طبیعت اعصاب سـوء اسـتفاده نـموده و نـتیجتاً واقعیّت او تنها جهت انعکاسی پیدا می‌کند حـال آنکه انعکاسات جـوابگوی حقیقت نیستند. به بیان دیگر تعاریف و تـحوّلات سلّولی در این حـالت مـانند عملکرد پژواک می‌باشند. همانگونه که هر چه ثقل کوهستان بیشتر باشد، پژواک نیز قوی‌تر بوده و صوت منعکسه دیگر عامل آهنگ صدا نیست، هر قدر هم داد و

قَالَ الْحَكِيمُ: اَلْاَدَبُ حُسْنُ مُعَامَلَةٍ يَتَوَلَّدُ مِنَ الْحَيَاءِ وَ الْـهَيْبَةِ وَ الشَّفْقَةِ.
(ادب پسندیده است و از حیاء و هیبت و شفقت متولّد می‌شود.) وَ قِیلَ:
اَلْاَدَبُ اَنْ یَرَی الْمُؤْمِنُ غَیْرَهُ خَیْراً مِنْ نَفْسِه. (ادب آنست که مؤمن غیر خود
را بهتر از خود بیند.) قَالَ بَعْضُهُمْ: عِنْدَ اَهْلِ الشَّرْعِ الْوَرَعُ وَ عِنْدَ اَهْلِ الْحِکْمَةِ
صِیَانَةُ النَّفْسِ. (در نزد اهل شرع ادب ورع است و در نزد اهل حکمت
نگهداری نفس.) قِیلَ: اَلْوَرَعُ تَرْکُ مَالٰایَعْنِیکَ وَ التَّقْوٰی تَرْکُ الْمَعْصِیَةِ. (ورع
ترک چیزهائی است که یاری تو نکند و تقویٰ ترک معصیت است.) وَ قِیلَ:
اَلْـوَرَعُ التَّقٰی وَ اَصْـلُ التُّقٰی مُـحاسَبَةُ النَّفْسِ بِـالْخَوْفِ وَ الرَّجـاءِ. (ورع
پرهیزکاری است و اصل تقویٰ محاسبهٔ نفس به خوف و رجاست.) (۱۰۱)

ستد انسان با دنیا وسیعتر باشد ثقلش بیشتر و تمایل او به مسائل دنیایی افزونتر
می‌گردد و بالنّتیجه موجودیّت او جهت انعکاسی وسیعتری خـواهـد یـافت. در
حقیقت هیئت فیزیکی انسان، نموداری از مرجعیّتی می‌باشد که با اوست. اگرچه
تظاهرات و انعکاسات و نمودارهای متفاوت با نامهای مختلف را عرضه می‌کند
امّا مقصود اصلی، قابلیّت و کلّیّتی است که انسان واجد آن است.
۱۰۱- قابل توجّه آنکه جامعیّت انسان زمانی در جریان بساطت حقیقی خود قرار
دارد که متوجّه به مرکزیّت به وجودی خود باشد. در غیر این صـورت در تنـاسب
بوده و عرضه کننده آثار ذرّه‌ای است در حالی که ضرورتاً بـایـد عـرضه کننده
نمودار قوائی واحد باشد. بدین معناکه عدم فعّالیّت صحیح مراکز قوا در پیکرهٔ
جسدی، مغناطیسی یا الکتریکی او منحصراً عمل و عکس العملهای سلّولی را در
او تقویت نمـوده و از مسیر حیات حقیقی دور خواهد افتاد. در صورتی که انسان به
دلیل طلب ذاتی متوجّه لطائف مکنون در خود گردد ناگزیر معطوف بـه پیکرهٔ

اعمال واجبهٔ جوارح در نماز پس از نیّت، تکبیر و قیام و رکوع و قیام متّصل به رکوع و سجود و تشهّد است و سلام که باید با ذکر لسانی و قلبی ظاهراً و باطناً یکی باشد که قلب در عرض عبودیّت، لسان و جوارح را تابع گردانیده و جمعاً به صدق، اقرار به عبودیّت خود و ربوبیّت حق نماید.

مغناطیسی خود گشته و رجوع او به عقدهٔ حیاتی در مرکز این پیکره، که خازنی است در قلب، خواهد بود.

در پیکرهٔ مغناطیسی انسان سیزده خازن وجود دارد که از میان آنها می‌توان خازنهای بین دو ابرو، ملاج، بصل النخاع، خازنهای قلب، عقدهٔ حیاتی قلب، حفرهٔ خورشیدی و خازن دنبالچه را نام برد که نمودار ظاهری آنها از نظر نحوهٔ قرارگیری بعضی از این خازنها در بدن انسان، هنگامی که از پهلو ملاحظه شوند به شکل عصا می‌باشد. این همان عصای حضرت موسیٰ علیه السّلام است که قصد بر جمعیّت همهٔ قوای انسانی داشته تا وی را در پرورش جهات مادّی و معنوی و در مسیر حقیقی به مقصد هدایت فرماید. پس اصل حیات باید آن شبان خدائی یا در حقیقت حضرت موسیٰ علیه السّلام باشد که با عصایش این رمه را از جهات داد و ستدها، آرزوها، قید و بندها، تمایلات و خیالات رهانیده و راهی سرزمین موعود می‌نماید. حضرت عیسی علیه السّلام رمه‌اش را به ملکوت یعنی خازنهای در قلب و سطح خاکستری مغز و بالاخره حضرت رسول اکرم صلّی الله علیه و آله و سلّم رعایای خود را به خانهٔ کعبه یا خانهٔ خدا متوجّه فرموده و در این مرکزیّت که خازن مغناطیسی که عقدهٔ حیاتی در قلب است رهنمون می‌فرماید.

البتّه این توجیه و چگونگی را من در امتداد اعلام حقیقت دین و نه ادیان در سیر از خود تا خود در تعلیم عرفان گفته‌ام و هیچ سابقه‌ای از این گونه در سیر دین (تاریخ ادیان) و تعابیر عرفانی نبوده است.

قَوْلُهُ تَعَالَى: قُومُوا لِلّهِ قَانِتِينَ. (سورۀ ٢ بقره/ آیۀ ٢٣٨) (برخیزید بـرای خداوند دعاکننده.) و این معنی خلوص است در ادای طاعات. و نیز با این صیغه بر وجوب قیام در نماز، استدلال شده است.^(١٠٢)

١٠٢- حضرت مولانا المعظّم شاه مقصود صادق عنقا خازن مـغناطیسی قـلب را «عقدۀ حیاتی قلب» نامگذاری نموده‌انـد و درکتاب «زوایـای مـخفی حـیاتی» دربارۀ این خازن چنین فرموده‌اند:

«عقدۀ حیاتی قلب مرکز انتشار حیات و به عنوان یک مدیر کامل و عـاقل و مقتدر شناخته می‌شودکه با تمام خازنها در ارتباط بوده و به احتمال قوی هـمان نقطۀ ملکوت انسان است که در ادیان، این مرکز را ملکوت خوانده‌اند. در این باره بعضی‌هاگمان کرده‌اند آنجاکه دل صـحبت نـموده‌انـد جـنبۀ کـیفی بخصوصی دارد و از مرکزیّت مخصوصی مقصود بوده، در حالی که چنین نیست و این دل همان است که در سینه‌ها جای دارد و این موضوع در ادیان تلویحاً و در اسلام تصریحاً تأکید شده.»

انسان به عنوان یک واحد حقیقی و جامع، واجد تمام قوّتها و چگـونگیهای لازم در مسیر اجرائی حاکمیّت یکپارچگی و ارتباط همه جانبۀ این مراکز انرژی حیاتی است. در صورتی که عامل محرّک این قوا متوجّه به فهم و دانائی بـاشد وجوه منتجۀ آن در امتداد حصول بـه مـرکزیّت افـاضه کـننده مـجتمع گشته و سرنوشت او منطبق با مشیّت وجودی خواهد بود. امّا از آنجاکه زمان نیز در سیر طبیعی انسان که هیئت او و در راستای آن عرضه گردیده است، ایفا کـننده نـقش مهمّی می‌باشد بهره برداری از قوا و نتیجتاً تحقّق اجرائی جنبه‌های گوناگون آنها نیز باید در زمان معیّن خود به وقوع پیوسته و به بار بنشیند. در غیر این صورت با گذران عمر و در پی آن تحلیل قوای سیستم طبیعی و حاکمیّت کورانها و انقلابات ذهنی و سلّولی که بر هم زنندۀ بناهای توخالی و بی‌اساس مـی‌باشند کارآئی و

ابن عبّاس گفته است: «قانتین یعنی دعا کنندگان و قنوت همان دعا در حال قیام است.»

نماز ظاهر و باطنش همین است که نمازگزار قیام می‌کند از نظر لسان و جوارح و از نظر باطن با تمام وُجوهِ وجودی برای تقرّب به خدا چنانچه در شرح شریعت و طریقت و حقیقت، مذکور افتاد. (۱۰۳)

بالاخره بهره‌برداری در مسیر استقرار در سرنوشت وجودی میسّر نخواهد گشت. بنابراین آنچه برای نمازگزار در مسیر تحقیقی خود واجد اهمیّت فوق‌العاده بوده و باید دائماً از جانب وی پیگیری گردد، این است که قیام او متوجّه به یکپارچگی قوّتها، تعادل و بالاخره سلامت بوده و در واقع رجوع همیشگی او به مـرکزیّت حقیقی حیات و در واقع همان عقدهٔ حیاتی باشد.

۱۰۳- غرض از اعمال و افعالی که از هر کس سر می‌زند این است که واجد نتایجی باشد. هیچکس انتظار ندارد که قوایی را خرج کند ولی بهره‌ای نداشته باشد. بنا به فرمایش حضرت شاه مقصود صادق عنقا پیر اویسی که فـرمودند: «عـاقل کسـی است که جلب منفعت و دفع ضرر کند» به هر حال هر فعلی که از انسان سر می‌زند نتیجه‌ای را دربر دارد و چگونگی و نتیجه‌بخشی قوائی که در جهت عرضهٔ اعمال به‌کار گرفته می‌شوند و همچنین شکل‌گیری اعمال، رفتار و آثارش متوجّه به خود انسان و مراتب وجودی او و چگونگی پذیرا و هماهنگ بودنش با آنچه درگذر و در جریان است می‌باشد. به بیان دیگر آثار بیرونی و افعال هر فرد متوجّه به آنچه که با اوست، می‌باشند.

قانون هماهنگی در انسان متوجّه به ضرور و چگونگی موجودیّت او و شکـل دهندهٔ تناسبات و افعال اوست. به عبارت دیگر علّت وجود تناسبات در مـحیط پرورشی انسان متوجّه به توازن حاکم در وجود بحت و بسیط و لایتناهی است.

الصَّلاة

نیّت

نیّت در لغت و اصطلاح به معنی عزم و قصد است و حقیقت آن تمرکز قلبی برای ایجاد فعل بر وجهی است که شارع مـقـدّس، فـرض و واجب فرموده جهت استحضار حقیقت نماز مقصوده و مُختصّاتِ مُمیّزهٔ آن از دیگر نمازها به منظور اخلاص و تقرّب به خداوند. (۱۰۴)

۱۰۴- نیّت یعنی قصد و هدف نهائی در جامعیّت همه جانبه کـه هـمـهٔ ذوقیّات، تناسبات و معیارهای ذهنی و اجرائی را در هماهنگی در برمی‌گیرد. وقتی این قوّه در تناس و هماهنگی، ادوات را بکار گرفته و جنبهٔ فعلی و اجرائی بـه خـود می‌گیرد، اراده نامیده می‌شود.

در حقیقت انسان واجد همهٔ زمینه‌های تحقّق واقعیّت نیّت هست و اگر جنبهٔ ظاهری و تقلیدی به خود نگیرد، جهات امکـانی آن تـدریجاً قـابل بـرخـورد و مشاهده می‌گردند. به عبارت دیگر هنگامی که طلب انسان حقیقی باشد، تـحقّق آن حتمی است. بدین ترتیب تمام جهات وجدانی انسان در موافقتهای حـقیقی مشیّت وجودی در عین نظم و عدل شکوفا گردیده و قیام بر شاخصیّت حقیقی و یا مشیّت وجودی بدون دخالت خواسته‌ها و نیازها در مـراتب داد و سـتدی کـه متوجّه به آلودگیهای تناسبات حسّی می‌باشند، تحقّق می‌یابد.

انسان باید به آنچه نهایت اوست دانا باشد. شرط اوّلیهٔ ایـن دانـائی عـرضهٔ جهات جمعیّت و استقرار در مرکزیّتی است که با اوست. سپس جهات تجسّمی به وقوع می‌پیوندند یعنی تمام معیارهای باطنی توازن یافته که آبیاری کنندهٔ مراتب وجودی او می‌باشند در وی تحقّق یافته و بدین ترتیب معنای ملاقات با خداوند واقعیّت پیدا می‌کند. در اینجا همانگونه که قبلاً نیز بیان گردیده لازم به توجّه است که تجسّم متوجّه به اعتقاد و ایمان است و با تصوّر که متوجّه به قرائن و تشابهات

علم و اراده در نیّت به این معنی است که باید بداند چه کار می‌کند و اراده یعنی قصدش تقرّب به حق باشد و این مستلزم آنست که باید ارادهٔ مُصلّی در ارادهٔ حق گم شود و از این رو صلوة تنها با ادای نیّت به زبان، کامل نمی‌شود که فرمود: لاٰ صَلوٰةَ اِلاّٰ بِحُضُورِ الْقَلْبِ. (نماز بدون حضور قلب نماز نیست.)

وَ قَوْلُهُ تَعالیٰ: اِنَّ الصَّلوٰةَ تَنْهیٰ عَنِ الْفَحْشاٰءِ وَ الْمُنْکَرِ وَ لَذِکْرُ اللهِ اَکْبَرُ. (سورهٔ ۲۹ عنکبوت/ آیهٔ ۴۵) (نماز از فحشاء و مُنکر نهی می‌کند و ذکر خداوند بزرگتر است.)

و دیگر اینکه حقیقت اسماء و صفات و ذات را پس از نفی انانیّت خود یعنی وجود و موجودیّت خویش را در منطقهٔ احدیّت مُطلقه فانی شمرد و هر چه جز حق را پسِ پُشت اندازد و به منظور فنای خود و اثبات حق به تکبیر اقدام کند و چشم و گوش و حواس را از ملاحظهٔ طبع ببندد. پس در تکبیر، سر و قوای دماغی را به طرف صدر و روح قلب متمایل دارد یعنی تمام قوای دماغی را به استخدام و اطاعت از قلب و حضور آن ملزم کند. در چنین وضعی با خُلوص تمام و علم تحقیقی و صدق نیّت اقرار به احدیّت مطلقه کند و در این اقرار چون قلب و روح و اعضاء و لسان او مُتّحد شدند بگوید اللهُ اَکْبَر. یعنی خدا بزرگتر است.

می‌گردد تفاوت دارد. ملاقات و برخورد برای سالک، در ابتدای امر سلوک بوده و پس از حصول اینگونه شهود در امتداد امر بینائی، باید «همه بینا» شود.

تکبیر

قالَ اَللهُ تَعالیٰ: وَ قُلِ الْحَمْدُ لِلهِ الَّذی لَمْ يَتَّخِذْ وَلَداً وَ لَمْ يَكُنْ لَهُ شَریکٌ فِی الْمُلْکِ وَ لَمْ يَكُنْ لَهُ وَلِیٌّ مِنَ الذُّلِّ وَ كَبِّرْهُ تَكْبیراً. (سورهٔ ۱۷ اسرا/ آيهٔ ۱۱۱) (و بگو حمد خدای راکه فرزند نگرفت و شریک ندارد در مُلک و از خواری، کارگزار و معاون ندارد و تکبیر کن او را تکبیر کردنی.)‎(۱۰۵)

واجب است که تکبیر به صیغهٔ اللهُ اَکْبَر باشد زیرا متبادر به فهم از اطلاق لفظ تکبیر همین است و همچنین واجب است که تمام نماز به زبان قرآن باشد زیرا آن زبان وحی است و تمام حروف و کلمات آن به نورانیّت خداوند عَلِیٌّ اَعلیٰ و روحانیّت حضرت رسول اکرم محمّد مصطفیٰ صَلَّی اللهُ عَلَيْهِ وَ آلِهِ وَ سَلَّمْ غنی است و آنچه به پیروی معنوی از زبان و قلب ائمّهٔ اطهار علیهم السّلام و اولیاء الله و مؤمنین گذشته و می‌گذرد همگی موجب

۱۰۵- تکبیر یعنی بزرگ شمردن، وقوف به عظمت. هنگامی که انسان بر عظمت ربّ خویش که در برگیرندهٔ همهٔ مراتب از ناسوت تا ملکوت بوده، واقف می‌گردد، گویای تکبیر یا «اللهُ اَکْبَر» می‌شود. بنابراین اعتراف به چنین جهت پرورشی عظیمی که بزرگتر و برتر از هر چیز قابل تصوّر دیگری است، نه تقلیدی، نه اجباری و نه مکلّفانه است. تکبیر اصولاً بر چیزی است که نزد انسان واجد چنان عظمتی است که او در امتداد آن عظمت به محیط خود شکل داده و با آن جهت اجرائی پیدا می‌کند و کلّیهٔ افعال روزمرّه و برخوردی و حتّی عملکرد باطنی او نیز در امتداد همان عظمت، شناخته شده و قابل ارزیابی می‌باشند.

تقویت قوای روحانی نمازگزار در نماز است.(۱۰۶)

گفتیم کلمات مُنزَله که در حین اداء صلوة به کار می‌رود به زبان نبی مُکرّم صَلَّی اللهُ عَلَیْهِ وَ آلِهِ وَ سَلَّمْ و لسان ائمّه اطهار علیهم السّلام و اولیاء عظام، گذشته و کلام خداوند است و صاحب نور و روح است. نمازگزار هرگاه به صدق دل آن کلمات را اداء کند و از مقاصد معنوی آن انتظار و امید کرم و لطف حق داشته باشد شایسته است و یقین است کـه مـوجب روشنی دل و سُهولت امر سُلُوک در طیّ طریق حق خواهد شد.(۱۰۷)

۱۰۶- نمودار ظاهری پیکرهٔ انسان در حال تکبیر، گویا و اعلام‌کنندهٔ آن عظمت لایتناهی است که لفظ آن «اللّه» می‌باشد. حرکات انسان در هنگام نـماز تـرسیم کنندهٔ همین لفظ است که به شکل زیر قابل نمایش است.

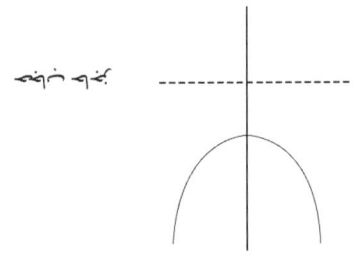

حجاب حاجز

در این حالت سر و دو دست به شکل «اللّه» مکتوبی و همچنین «هـ» بوده و قیام به منزلهٔ «الف» مکتوبی است. عمل جوارح در تکبیر به حال قیام، تأکیدی بر حقیقت الله اکبر بوده و آنچه از زبان او جاری می‌گردد با اتّکاء به اقرار قلبی است. در حقیقت صورت وحدانیّت توسّط نمازگزار عرضه می‌گردد.

۱۰۷- توجّه به هیئت فیزیکی نمازگزار روشنگر این امر است که مراتب حیوانی و ثقیل و دنیائی انسان که گویای «لا اِلٰه» بوده و مناطق حجاب حاجز به پائین حجاب حاجز را در برمی‌گیرد در اصلی که مبنای نیّت قیام اوست، جوابگو نـمی‌باشند. بـالعکس از

لِقَوْلِهِ عَلَيْهِ السَّلامْ: اَلصَّلوةُ مِيزانٌ فَمَنْ اَوْفَى اسْتَوْفَى. (نماز ميزان است هر كس وفا كند به حق برسد.)

سَأَلَ رَجُلٌ جَعْفَرَ الصَّادِقَ عَلَيْهِ السَّلامْ ما مَعْنَى قَوْلِكَ اللهُ اَكْبَرُ؟ قالَ: يَعْنِى اللهُ اَكْبَرُ مِنْ كُلِّ شَىْءٍ. قالَ (ع) وَ هَلْ ثَمَّةَ شَىْءٌ فَيَكُونُ اللهُ اَكْبَرَ مِنْهُ. وَ قالَ: كَيْفَ اَقُولُ؟ قالَ عَلَيْهِ السَّلامْ: قُلْتُ اِنَّ اللهَ اَكْبَرُ مِنْ اَنْ يُوصَفَ فَاِذا قُلْتُ اَكْبَرُ مِنْ كُلِّ شَىْءٍ فَكَاَنِّى اَثْبَتُ هُنا شَيْئاً وَ جَعَلْتُ اللهَ اَكْبَرَ مِنْهُ وَ حَدَّدْتُ اللهَ وَ جَزَّئْتُهُ وَ جَعَلْتُ لَهُ شَرِيكاً وَ جَعَلْتُهُ سُبْحانَهُ اَحَدَ الْفَرْدَيْنِ الْكامِلَيْنِ فَأَكُونُ قَدْ قُلْتُ بِالتَّشْكِيكِ فى حِين اَنَّ اَمِيرَالْمُؤْمِنِينَ نَفَى التَّشْكِيكَ بِقَوْلِهِ: لَيْسَ بَيْنَهُ وَ بَيْنَ خَلْقِهِ وَصْلٌ وَ لا لَهُ عَلَيْهِ فَصْلٌ فَيَسْتَوِى الصَّانِعُ وَ الْمَصْنُوعُ وَ الْمَشْىّ و الْمُشاءُ وَ اِذا تَساوَتْ حَقِيقَةُ الْأَفْرادِ فِى التَّشْكِيكِ جاءَ التَّرْكِيبُ فَاِذا جاءَ التَّرْكِيبُ جاءَ الْاِحْتِياجُ وَ اِذا جاءَ الْاِحْتِياجُ جاءَ الْحُدُوثُ وَ صَحَّ اَنْ يَكُونَ لَهُ مُحْدِثٌ تَعالَى عَنْ ذلِكَ عُلُوّاً كَبِيراً. (سؤال كرد مردى از حضرت امام جعفر صادق عليه السّلام كه: معنى الله اكبر چيست؟ فرمود: «يعنى خدا از هـمـه چيز بزرگتر است»، گفت: «آيا چيزى هست كه خدا از آن بزرگتر باشد، پس چگونه گويم؟» فرمود: «گفتم كه خدا بزرگتر از آنست كه توصيف شود. پس چون بگوئى كه خدا از هر چيزى بزرگتر است، اشياء را اثبات مى‌كنى و اينكه خدا از آن بزرگتر است خدا را محدود كرده‌اى و او را جزء قرار دادى

ناحيۀ حجاب حاجز به بالاكه مبيّن مراتب روحانى او وگويای «الله» است نمايانگر وجوه لطيف و پرورش دهنده و همچنين اعلام وجه پرورشى و يا ربّ اوست.

و برای او شریک قرار دادی و او را یکی از دو فرد کامل قرار دادی. و اگر چنین بگویم رأی به تشکیک داده‌ام در حالی که امیرالمؤمنین عـلـی عـلـیـه السّلام تشکیک را نفی کرده و فرموده است: بین حق و خلقش نه وصـل است و نه فصل که صانع و مصنوع و مشیء و مشاء مساوی گردد و چون حقیقت افراد در تشکیک مساوی شد ترکیب لازم می‌آید و چون تـرکیب آمد احتیاج لازم می‌آید و چون احتیاج آمد حُدوث لازم می‌آید و در این حال صحیح است که گمان برند که او محلّ حوادث است و حال آنکه او تعالیٰ شأنه منزّه از این هست.»(۱۰۸)

۱۰۸- در حقیقت نمازگزار توأماً اعلام کنندۀ صورت امکانی و در عین حال وجه روحانی خود می‌گردد که یکی بر مُلک و دیگری بـر مـلکوت قرار دارد. چنانچه توضیحات لفظی مذکور با توجّه به شکل بدن انسان رسم شود، طرحی بـه ایـن شرح حاصل می‌گردد:

صورت الهی انسان به شکل الف مکتوبی «ا» بوده که واجد سیری از بینهایت تا بینهایت و در عین حال همه جانبه و قائم به ذات است. صورت امکانی او بـه شکل «لم» می‌باشد که تجلّی آن در ظاهر و باطن کماکان در ضرورت حاکمیّت امر وجدانی و قیام به ذات است. ادغام این دو صورت بر هم موجب ظهور نمودار بوده که تجلّی مقام استقرار در اصل وجودی است.

چنانچه نمودار فوق حول محور الهی او که شکـل «ا» را داراست بـه گـردش درآید، عرضه کنندۀ هیئتی است که وجوه دنیـوی و ملکوتی را واجد می‌باشد. در واقع در دور یا سیر حیاتی جز اعلام یک محور و یا یک نقطۀ ثابت افاضه کننده امر دیگری مطرح نیست.

بدون غفلت به ذکر تسبیحات و اقرار به احدیّت حـق دسـتها را بـه محاذات سر بالا می‌برد و در این حالتست که سر و دو دست به شکل «لله» مکتوبی و «ه» و قیام به منزلۀ الف مکتوبی است. عمل جوارح در تکبیر به حال قیام، تأکیدی است بر حقیقت الله اکبر که بـه وسیلۀ جـوارح انـجام می‌دهد و آنچه که به زبان جاری کرده و به جوارح نمودار ساخته باید به اتّکاء اقرار قلبی باشد.

عَنْ اَبِی عَبْدِاللهِ جَعْفَرِ الصّادِقِ عَلَیْهِ السَّلامُ: قالَ اَمیرُالْمُؤْمِنینَ عَلِیٌّ عَلَیْهِ السَّلامُ: اَلتَّسْبیحُ نِصْفُ الْمیزانِ وَ الْحَمْدُ لِلّهِ تَمْلَاءُ الْمیزانَ وَ اللهُ اَکْبَرُ یَمْلَاءُ ماٰبَیْنَ السَّماءِ وَ الْاَرْضِ. (تسبیح نصف میزان است و حمد برای خدا میزان را پُر می‌کند و الله اکبر بین آسمان و زمین را پُر می‌کند.)

نهایتاً از تکرار دَوَران لم و ا نمـودار زیر عرضه می‌گردد که همانند قلب گشوده‌ای است که دارای دو وجه ملکوتی و دنیوی بوده و در هر حال، هـر دو وجه صورت «الله» به خود می‌گیرند.

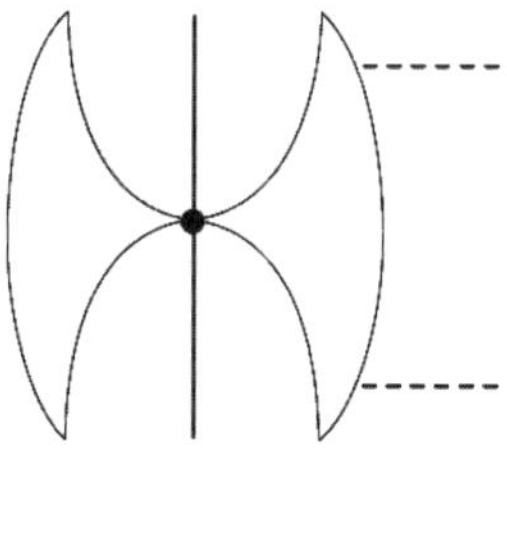

وجه ملکوتی

وجه دنیوی

الصّلاة   ۱۲۶

نمازگزار در حال قیام برپا ایستاده است و در قلب حاضر، و سِرّ این معنی آنست که نمازگزار گرچه در موجودیّت محدود امکانی است امّا فانی در حقیقت وجود و احدیّت مطلقه است.^(۱۰۹) حالت قیام در نماز بصورت الف مکتوبی است که به معنی ولایت وجودی او از احدیّت مطلقه است و صراط المستقیم بدان متّکی است که صراط المستقیم در اجزاء پـنج و در

۱۰۹- انسان در جهت دستیابی به آرامش و ثبات، الزاماً باید تکیه‌گاه و مرکزیّت ثابتی را یافته و بر آن قیام نماید. بدین منظور اطاعت و تسلیم صرف به قوانین آن مرکزیّت ضروری است. هرگاه تمام مراتب و چگونگیهای وجودی انسان از همه گونه انقلابات، تمایلات و ناهنجاریها بازداشته شده و رجعتش همه جانبه متوجّهٔ مرکزیّت افاضه کنندهٔ وجود گردد، قیام، تـحقّق واقعی و عـملی یـافته است. بـه منظور تحقّق این چنین قیامی در مسیر دستیابی بـه آرامش و ثبات ابـدی و نـه تناسبات محدود و مشروط، وجود مـرکزیّت حـقیقی و ثـابتی در وجـود انسـان ضروری است. قیام انسان بر این مرکزیّت ثابت هنگامی جهت شاخصیّت می‌یابد که همه جانبه بوده و با تکیه بر علم به وقوع بپیوندد و تنها زمانی تحقّق یافتنی است که مبتنی بر اصل فطرت باشد. در این مـوضع، شاخصیّت «بـود» اوست و نـه «نمود»‌های او. به عبارت دیگر قیام حقیقی بـر شاخصیّت فطری انسـان است. همانگونه که موجودیّت انسان در امتداد قیام و عمود شدن میدان الکتریکی بـر میدان مغناطیسی معنا پیدا کرده و صاحب تابش می‌گردد، چنانچه هـمهٔ مـراتب موجودیّت انسان بر امر وجود یا بر نقطهٔ عدلش قیام نمایند و اعمال او متوجّه به انقلابات سلّولی نبوده، بلکه متوجّه عقدهٔ حیاتی قلب باشند، آنچه عرضه خواهد شد، نورانیّتی است که همان «نور خدا» یا «علم مطلق» نام گرفته است و در این حالت اعمالی که از او سر می‌زند، عین اصل وجودی خواهند بود.

حروف ۱۲ است و حروفش برابر با جمع حروف «لاٰ اِلٰهَ اِلَّا الله» می‌باشد و در اجزاء برابر با پنج الف توحیدی در کلمهٔ طیّبهٔ جلاله است. در اجرای نماز مشابهت نیّات باطنی و روح و جسمِ مُصلّی از لوازم است و گفته شده است که مسلمان حقیقی کسی است که با تمام وجود خود شهادت بدهد به ذکر «لاٰ اِلٰهَ اِلَّا الله» پس اهل ذکر در صراط المستقیمند و صراط المستقیم در کشف حقیقت الله است در اقامهٔ صلوة. (۱۱۰)

۱۱۰- در اینجا باید یادآوری گردد که احکام صادره از عقدهٔ حیاتی قلب، عین عدل، بسیط و لایتناهی است و جهات نسبی و مقایسه‌ای ندارند. به عبارت دیگر مقایسات خوب و بد، در نسبتها و مراتب دسته بندی می‌شوند و در احکام قلبی جائی ندارند. به بیان دیگر آنچه از عقدهٔ حیاتی قلب جاری گردد، عین مشیّت بوده و جهت و جودی دارد. هنگامی که این جریان جهت اندیشه‌ای پیدا می‌کند، «وحی» است و وقتی که این بخشش عام در امتدادگفتار عرضه می‌گردد، «فضل» و زمانی که متوجّه به کردار و اعمال می‌شود، «عمل صالح» خواهد بود. و در حقیقت آنچه از قلب سرزده، در اندیشه حاکم، بر زبان جاری و در اعمال متجلّی می‌گردد.

در اینجا باید توجّه داشت که در عرضهٔ نمودار ظاهری قیام در نماز، باید پاشنه‌های پای نمازگزار از هم جدا باشند، که این نمایانگر لفظ «لا» بوده و اشاره به معنای نفی امور دنیایی دارد. همچنین از نظر سایر پیکره‌ها، همانگونه که قبلاً نیز اشاره شد، هنگامی که میدان الکتریکی بر میدان مغناطیسی قیام نمود یا به بیان دیگر عمود گردید، تابشی که نشان دهندهٔ قیام بوده و عرضه کنندهٔ نمودار حیاتی است، ارائه خواهد شد که این را در اصطلاح اهل معرفت «ستون دین» می‌نامند.

با توجّه به توضیحات مذکور ملاحظه می‌شود که موجودیّت مادّی انسان در

رسول صَلَّی الله عَلَیهِ وَ آلِهِ وَ سَلَّم فرموده: ﴿قُولُوا لاٰ اِلٰهَ اِلَّا اللهُ تُفْلِحُوا.﴾ این شهادت لسانی و جوارحی و قلبی است و این سه اگر با هم نباشند نفاق است و نفاق در اسلام نیست، و منافق کسی است که زبان و جوارح و دلش در اظهار یکی نباشند. پس معلوم کردیم که قیام نمازگزار در نماز ظاهراً به صورت الف مکتوبی است که در ذکر کلمۀ ﴿لاٰ اِلٰهَ اِلَّا الله﴾ مضبوط و شرح آن در صفحات قبل گذشت. و غرض از تهلیل کلمۀ طیّبۀ ﴿لاٰ اِلٰهَ اِلَّا الله﴾ از ﴿لاٰ اِلٰهَ﴾ نفی موارد شرک خفی و جلی از وجود مُصلّی و بنده بوده و در ﴿اِلَّا الله﴾ رجوع به توحید حقیقی کما هُوَ حقّه است. (۱۱۱)

راستای هیئت فیزیکی او نیز به شکل همه جانبه مشمول قانون جامعیّت می‌باشد. امّا اگر شاخصیّت انسانی در تفرقه بوده و جامعیّتش را همه جانبه عرضه ننماید، گرچه ظاهراً دربرگیرندۀ نظم در بعضی جهات می‌گردد، امّا جهت حقیقی و جامع نخواهد داشت.

مسلمان آنچنان شخصیّتی است که در اصل خود در جامعیّت قیام می‌کند، قلبش در حاکمیّت فرمان می‌دهد و او در تسلیم فرمان می‌برد.

۱۱۱- اصل لایتناهی، به ادوات و عوامل محدود، جامعیّت همه جانبۀ خود را از دست نمی‌دهد. اعمال و افعالی که در محدودیّتها از انسان سرمی‌زند، جهت حقیقی و جامع نداشته و مشمول شرایط زمانی و مکانی می‌باشند و متوجّه به همین مرزهای ساختگی خواهد بود. امّا آنچه مورد تعلیم انبیاء، اولیاء و عرفای عظیم‌الشّأن است، هدایت ابدی است که تحوّلات مرتبه‌ای، متزلزل کنندۀ جامعیّت آن نیستند.

پیامبر اعلام کنندۀ امر آزادی و آزادمنشی است و زمانی که این قوّت، ارادۀ

در خصوص کلمهٔ لاٰ اِلٰهَ اِلَّا اللّٰهُ فِی نَفْیِ الشِّرْکَ قالَ رَسُولُ اللّٰهِ صَلَّی اللّٰهُ عَلَیْهِ وَ اٰلِهِ وَ سَلَّمَ: اَلشِّرْکُ فِی هٰذِهِ الْاُمَّةِ لَهُ دَبِیبٌ اَخْفیٰ مِنْ دَبِیبِ النَّمْلَةِ السَّوْداءِ عَلَی الصَّخْرَةِ فِی اللَّیْلَةِ الظَّلْماءِ. (شرک در این امّت از حرکت مورچهٔ سیاه در شب تاریک روی صخره، پنهانی‌تر است.)

قالَ سَیِّدُنَا الْکاظِمُ عَلَیْهِ السَّلامُ: لَیْسَ بَیْنَهُ وَ بَیْنَ خَلْقِهِ حِجابٌ غَیْرَ خَلْقِهِ اِحْتَجَبَ بِغَیْرِ حِجابٍ مَحْجُوبٍ وَ اسْتَتَرَ بِغَیْرِ سِتْرٍ مَسْتُورٍ. (بین او و خلقش حجابی غیر از خلق او نیست در حجاب شده بدون حجاب، محجوب و پوشیده شده بدون سِتر مستور.)

قالَ مَوْلانَا اَمِیرُالْمُؤْمِنِینَ عَلِیٌّ عَلَیْهِ السَّلامُ فِی مَعْنیٰ قَوْلُهُ تَعالیٰ: اَلْهٰیکُمُ التَّکاثُرُ* حَتّیٰ زُرْتُمُ الْمَقابِرَ. (سورهٔ ۱۰۲ تکاثر/آیات ۲ و ۱) (افزون جوئی شما را واله کرده تا اینکه قبرها را زیارت کنید.)

فِی التَّأْوِیلِ:

فَاِنِ امْرَءٍ لَمْ یَحْیَی بِالْعِلْمِ مَیِّتٌ   وَ اَجْســامُهُمْ قَـبْلَ الْـقُبُورِ قُـبُورٌ

(مردمی که با علم زنده نشوند مُرده‌اند و جسمشان قـبل از قـبرها قبورشانست.)

همهٔ حالات انسان را در بر داشت، می‌شود عقیده و خود اعلام‌کنندهٔ این آزادگی است والّا انسان اسیر خـواسته‌ها و مـحدودیّتهاست. «قولوا لا اله الّا الله» یـعنی شکستن حد در بیحدی. «قولوا» اشـاره بـه جامعیّت و عظمتی داردکه خـود گویاست.

الصّلاة ١٣٠

وَ اَيْضاً قالَ عَلَيْهِ السَّلامُ: اَلصُّورَةُ الْاِنْسانِيَّةُ وَ هِيَ هَيْكَلُ التَّوْحِيدِ وَ الْمَثَلُ
الْاَعْلىٰ. (صورت انسانیّت هیکل توحید و مَثَل اعلىٰ است.) که در نیّت و
تکبیر و تهلیل اقامۀ اقامۀ صلوة و اَعمال جوارح مُصلّی مثل آنست کـه نـجم
هدایت است فی الحقیقة.

كَما قالَ سَيِّدُنا جَعْفَرُ الصّادِقُ عَلَيْهِ السَّلامُ: اَلْعُبُودِيَّةُ جَوْهَرَةٌ كُنْهُها الرُّبُوبِيَّةُ
فَما فُقِدَ فِى الْعُبُودِيَّةِ وُجِدَ فِى الرُّبُوبِيَّةِ وَ ما خَفِيَ فِى الرُّبُوبِيَّةِ اُصِيبَ فِـى
الْعُبُودِيَّةِ. (عبودیت جوهری است کـه كُنه آن ربوبیّت است هرچـه در
عبودیّت گم شود در ربوبیّت پیدا می‌شود و هرچه در ربوبیّت مخفی باشد
در عبودیّت بدست می‌آید.)

كَما قالَ اَمِيرُالْمُؤْمِنينَ عَلِيٌّ عَلَيْهِ السَّلامُ: اَلصُّورَةُ الْاِنْسانِيَّةُ هِيَ اَكْبَرُ حُجَّةِ
اللهِ عَلىٰ خَلْقِهِ وَ هِيَ الْكِتابُ الَّذِي كَتَبَهُ بِيَدِهِ وَ الْهَيْكَلُ الَّذِي بَناهُ بِحِكْمَتِهِ وَ
هِيَ مَجْمَعُ صُوَرِ الْعالَمِينَ وَ هِيَ الْمُخْتَصَرُ مِنَ اللَّوْحِ الْمَحْفُوظِ وَ هِيَ الشّاهِدُ
عَلىٰ كُلِّ غائِبٍ وَ الْحُجَّةُ عَلىٰ كُلِّ جاهِدٍ وَ هِيَ الصِّراطُ الْمُسْتَقِيمُ وَالصِّراطُ
الْمَمْدُودُ بَيْنَ الْجَنَّةِ وَ النّارِ. (صورت انسانی بزرگترین حجّت خداوند بـر
بندگان و کتابی است که به دست خود نوشته و هیکلی است که به حکمت
خود بنا کرده و جمع صُور جهانیان و مختصری از لوح مـحفوظ است و
شاهد بر هر غایب و حجّت بر هر منکر و صراط مستقیم است و راهی است
کشیده شده بین جنّت و نار.)(١١٢)

١١٢- لازمۀ رجوع انسان به اصل حیاتی خود و تحقّق معنای «اِنّا لِلّهِ وَ اِنّا اِلَيْهِ

و در حالت قیام حضور قلب و فهم عمل صلوة و اثبات و استقرار در قصد با معرفت تمام لازم و واجب است بطوری که نمازگزار از خودی خود فارغ گردد و به حقیقت حق فانی شود.

عارف ربّانی ملا محسن فیض کاشانی فرمود:

کبریائی تو چون روی نمود از همه سو

چهار تکبیر زدم از همه بیزار شدم[113]

راجِعُون»، رهایی از محدودیّتهاست و طریق آن را پیغمبر مکرّم اسلام چنین تعلیم فرموده‌اند: «کَالْمیّت فی یَدِی الغَسّال». میّت یا مرده اشاره به عدم حاکمیّت کلّیّۀ محدودیّتهای تصوّری و ساختگی انسان در مرتبۀ فوت شدنی اوست. معیار حقیقی اینگونه تسلیم یا اطاعت، جوابگویی نسبت به نقطۀ عطفی است که همه جانبه «هست». و این امر زمانی واقع می‌شود که حضور قلب حاصل گردد. این امر محال است، مگر اینکه دیگر از موجودیّت تخیّلی و مجعول انسانی خبری نباشد و این معنای حقیقی فناست. چراکه در این حال، استقرار انسان در واقعیّت آنچه که هست، با تحوّلات زمانی و مکانی مخدوش نگشته و عظمت، همه جانبه برای او گویاست.

۱۱۳- تکبیر یعنی بزرگ شمردن آنچه که شأنش نزد انسان نسبت به هر چیز دیگر عظیم‌تر است. یعنی در حقیقت آن علّتی که سازندۀ انسان و پرورش دهندۀ او و در تمام مراتب وجودی وی است. آنچه که انسان بر آن قیام می‌کند و هرگونه نظم، ثبات و فعلیّتی که از او سرمی‌زند، چه متوجّه به مراتب مادّی و روزمرّه شود و چه متوجّه به مراتب لطیفۀ حیاتی باشد مبتنی بر این اصل حیاتی و علّت وجودی است. این علّت و امر عظیم الشّأن که انسان آن را با در نظر گرفتن همۀ جهات در رأس قرار می‌دهد می‌تواند همۀ مراتب را شامل باشد یا فقط مرتبه‌ای از مراتب را

قرائت

فَاقْرَؤُا مٰا تَيَسَّرَ مِنَ الْقُرْآنِ. (سورۀ ٧٣ مزّمل / آیۀ ٢٠) و هـمچنان است فَاقْرَؤُا مٰا تَيَسَّرَ مِنْهُ. (هرچه از قرآن میسّر شد قرائت کنید.)

قرائت واجبه اینجا مجمل و بیانش با سنّت نبویّه است صلوات الله علیه و مراد از آن سورۀ فاتحه است. (١١۴)

در برگیرد.

چگونگی این پرورش دهندگی نسبت به مراتبی کـه انسـان در بـرخـورد بـا آنهاست، یا آنچه نزد او واجد معناست، شکل مـی‌پـذیرد. نتیجتاً هـرچـه از او سرمی‌زند و هرچه در راستای این نمودارها نتایجی را در بـرمی‌گیرد، مـتوجّه بـه همین عامل پرورش دهنده است که یا تفرقه راگسترش داده و یـا بسط دهنـدۀ جمعیّت می‌باشد. به بیان دیگر «چـون وجـود بسیـط و لایتناهی است، اضـداد ممکن»، عامل و چگونگی ظهور نمودارها متوجّه به موجودیّت انسان می‌گردد.

تا زمانی کـه نـمودارهـا در امـتداد عـمل و عکس‌العملهـاست، مـحدودیّتها حاکمند که در اینصورت اعمال و رفتار در تناسب مرتبه‌ای بوده و ارزش حقیقی نخواهند داشت. انسان زمانی در جامعیّت همه جانبه عرضه‌کننده یاگویای کتاب وجودی خویش است که همۀ چگونگی و حالات وجودی او و در مـوافقت یـا هماهنگی با اصل علم باشد، به گونه‌ای که نمودارها و محدودیّتها متحوّل کننده و تأثیر گذارنده نبوده، بلکه متوجّه به امر جامع و مرکزیّت افاضه کننده باشند.

١١۴- کتاب وجود، خودگویاست و هیچگونه نوآوری در آن جایی برای عرضه ندارد. اشارۀ فوق به کتاب وجود، به معنای توجّه و رجوع کلّیۀ مراتب وجودی به امر ربوبیّت بوده که تماماً در انسان مختفی است. به عبارت دیگر هنگامی که امر مورد تحقیق، اصل وجودی است، گویائی همه جانبۀ وجودی، که در بـرگیرندۀ

به نقل از مثنوی گلزار امید:

سیّد الاولیاء و الموحّدین مولا امیرالمؤمنین علی علیه السّلام فرموده:

اِنَّ کُلَّ ما فِی الْکُتُبِ الْمُنْزَلَةِ فِی الْقُرْآنِ وَ کُلَّ ما فِی الْقُرْآنِ فِی الْحَمْدِ وَ کُلَّ ما فِی الْحَمْدِ فِی الْبِسْمَلَةِ وَ کُلَّ ما فِی الْبِسْمَلَةِ فِی الْباءِ وَ کُلَّ ما فِی الْباءِ فِی

تمام مراتب است، الزامی است. بدین معناکه نمودارهای ظاهری و جهات اجرائی، در یکپارچگی، گویای اصل وجودی باشند.

«قرائت» یعنی خواندن. خواندن یعنی چگونگی خواندن کتاب قرآن باید گویا باشد تا هیچگونه نوآوری در آن قرار نگیرد و هر کسی نتواند به دلخواه خود آن را تغییر دهد یا بدعتی در مورد اعرابش بگذارد.

«قرائت واجبه اینجا مجمل و بیانش با سنّت نبویه است» اشاره دارد به آنچه که پیامبر اجرا کرده یعنی آنچه که کلاً برای اصل مسئله جوابگو باشد.

«... و مراد از آن سورهٔ فاتحه است» اشاره دارد به فاتحه یعنی کشف و گشایش و آن اصل حاکمیّت مطلقه و تمام مراتب وجودی. در حقیقت منظور از قرائت مختص قرآن، آن است که اصل حقیقت وجودی یا علّت حیاتی در تمام مراتب وجودی گویایی خودش را داشته باشد. گویایی، همهٔ مراتب را در برمی‌گیرد چه از جهت صوت، و چه از جهت اجرایی و الزامی آن.

یکی از مراتب اجرائی «ذکر» همین عمل قرائت است که در آن حرکت لبها، ارتعاشات حنجره، تأثیرپذیری اعصاب در امتداد گفتاری و شنوائی و همچنین کلّیهٔ اعمال و حالات حسّی مرتبط با آن متوجّه به امر یادآوری و یا «ذکر» خواهند گردید. منظور از یادآوری خاطرات و انقلابات ذهنی و واکنشهای حسّی نیست بلکه مورد صحبت آن توجّه و ممانعت ازگمراهی و رفع حجاب از آن واقعیّتی است که با هر یک این جهات گفتاری، شنوایی و بینایی و سایر مراتب هست.

النُّقْطَةِ وَ اَنَا نُقْطَةٌ تَحْتَ الْباٰءِ. (هرچه در کُتُب مُنزله است در قرآن است و هرچه در قرآن است در حمد و هرچه در حمد است در بسمله و هرچه در بسمله است در «باء» و هرچه در «باء» است در نقطه است و من نقطهٔ زیر «باء» هستم.)(۱۱۵)

وَ قاٰلَ عَلَيْهِ السَّلاٰمُ: بِالْباٰءِ ظَهَرَ الْوُجُودُ وَ بِالنُّقْطَةِ تَبَيَّنَ الْعاٰبِدُ مِنَ الْمَعْبُودِ. (با حرف باء وجود ظاهر شد و با نقطه عابد از معبود تمیز یافت.) یعنی الف لیّنه که به «ل» و «م» تمام شود.

۱۱۵- همانگونه که بیان شد، هنگامی که کلّیهٔ فعل و انفعالات حسّی در امتداد پیکرهٔ انسانی دارای نموداری عملی گشت، عرضهٔ انسان در وجود، متوجّه به امر وجدانی بوده و حاصل آن، حاکمیّت ثبات، یعنی عدم تأثیرپذیری از عوامل تحریک کننده می‌باشد. این حال را اصطلاحاً آرامش می‌نامند که به دنبال منع کنش و واکنشها حاصل می‌شود. این امر موجب می‌شود تا قوا، چگونگی ارتباط پیکره‌ها، و همچنین تنظیم خازنهای مغناطیسی بدن را در یک موافقت و هماهنگی قرار دهد که این حال اصطلاحاً «جمعیّت» نام می‌گیرد و زمانی که بصورت یک واحد حقیقی متوجّه به مرکزیّت افاضه کننده گردید، «تمرکز» نامیده می‌شود. همهٔ حالات نامبرده، با قرائت حاصل شدنی است.

وقتی صحبت از امر تمرکز می‌شود یعنی این پیکرهٔ مادّی سیری از عدم تا هستی دارد و با رهایی از محدودیّت مجازی، در موافقت و یکپارچگی و هماهنگی با وجود، لایتناهی را عرضه می‌کند. بنابراین تمرکز همچون قرائت، خودگویا است، همانند نور که به خود پیداست. مملوکنندگی و همه جانبه بودن امر تمرکز در واقع همانند اعلام گرسنگی طفل و جاری شدن شیر در سینهٔ مادر، تحقّق وجه عملی طلب حقیقی است.

الصّلاة

١٣٥

قالَ اَبُوعَبْدِاللهِ جَعْفَرُ بْنِ مُحَمَّدِ الصّادِقُ عَلَيْهِ الْاَفُّ التَّحِيَّةِ وَ الثَّناءِ فِى تَفْسيرِ قَوْلِهِ تَعالى: وَ مَنْ يُؤْتَ الْحِكْمَةَ فَقَدْ اُوتِىَ خَيْراً كَثيراً. (سُورَةُ ٢ بقره/ آيَةٌ ٢٦٩) اِنَّ الْحِكْمَةَ هِىَ الْوِلايَةُ الْمُطْلَقَةُ كَما ذَكَرَهُ رُوحى لَهُ الْفِدا، فَاِنَّ نُقْطَةَ الْوِلايَةِ قَدْ عَمَّتِ الْوُجُودَ وَ لا يَشُذُّ مِنْها شَىْءٌ مِنَ الْغَيْبِ وَ الشُّهُودِ وَ تِلْكَ النُّقْطَةُ قَدْ جُمِعَتْ فيها جَميعُ الْاَسْرارِ الْحُرُوفِ وَ فِى الْحُرُوفِ جُمِعَتْ وَ مُلِئَتْ اَسْرارُ الْكَلِماتِ وَ فِى الْكَلِماتِ اسْتَجَنَّتْ اَسْرارُ الْمَعانى فَالْمَعانى غَيْبٌ فِى الْكَلِماتِ وَ الْاَلْفاظِ وَ الْكَلِماتُ غَيْبٌ فِى الْحُرُوفِ وَ الْحُرُوفُ غَيْبٌ فِى الْاَلِفِ الْمُتَحَرِّكَةِ وَ هِىَ غَيْبٌ فِى الْاَلِفِ اللَّيِّنَةِ وَ هِىَ غَيْبٌ فِى النُّقْطَةِ فَهِىَ غَيْبُ الْغُيُوبِ وَ سِرُّ الْاَسْرارِ. ابوعبداللهِ جعفر بن محمّد الصّادق عليه الْاَفُّ التّحية و الثناء در تفسير قول خداى تعالى: «هر كس را حكمت داده شد خير كثير به او داده شده» فرمودند: «حكمت ولايت مُطلقه است» جانم فداى او باد همچنان است كه فرموده‌اند زيرا نقطهٔ ولايت، وجود را شامل است و چيـزى از غيب و شهود از آن كم نمى‌شود و جميع اسرار حروف در اين نقطه جمع است و تمام اسرار كلمات در حروف پُر شـده است و اسرار معانى در كلمات مخفى است پس معانى غيب است در كلمات و الفاظ، و كلمات غـيب است در حُروف و حُروف غيب است در الف مُتحرّكه و آن غيب است در الف لينه و آن غيب است در نقطه و نقطه در غيب الغيـوب و سِرِّ الاسرار.)⁽¹¹⁶⁾

───────────────────

١١٦- لِينه به معناى پايه و منبع اصلى است كه در عين بودن، نفى كننده نيز مى‌باشد.

قالَ اَبُوعَبْدِاللهِ الْحُسَینُ عَلَیْهِ السَّلاٰمُ: آن علمی که حضرت خاتم النّبیّین و سیّد المرسلین صلوات الله علیه بدان خوانده شد علم حروف است و علم حروف در «لا» است و علم «لا» در «الف» است و علم «الف» در نقطه است و علم نقطه در معرفت اصلیّه است و علم معرفت اصلیّه در علم ازل و علم ازل در مشیّت و علم مشیّت در غیب هُویّت.

امّا تفسیر نقطهٔ تحت «با» آنست که انحناء کامل الف لیّنه در نوشتن حرف «لا» به دور «لام» مکتوبی به صورت «میم» می‌شود «لا» و این اشارهٔ اهل معرفت است به نقطهٔ مرکز دایرهٔ امکان و حلقه‌ای که از الف لیّنه ناشی می‌شود به صورت قلب انسان است که نقطهٔ عدل و استقرار معنوی در آن متمرکز می‌شود و به عبارت دیگر نقطهٔ اعتدال وجودی است. به همین مناسبت، مُجتهد یا امام که اطاعتش لازم و واجب می‌باشد دانائی است که در عالَمِ بین ناسوت و ملکوت مُستقر است. علاوه براین مُبیّن قلب سالک است زیرا نقطه، نجم هادی به سوی انوار علم است که نقطهٔ «با» در بِسْمِ اللهِ الرَّحْمٰنِ الرَّحیمِ اوّلین ظُهور قرآن می‌باشد. بِسْمِ اللهِ

همانند عقدهٔ سر درختهاکه شاخ و برگ از این عقده سر می‌زند امّا وجود ملموس ندارد یعنی نفی است در عین عرضه. به عبارت دیگر در عین عرضهٔ صورت امکانی، سیر امکانیش صورت عدم پذیرفته امّا در بطنش سیر حیاتی است و چنانچه آن عقده شکافته هم شود باز آن قابلیّت مختفی قابل برخورد نیست مثل قوّهٔ نامیه در بذر یا عقدهٔ حیاتی قلب انسان.

الرَّحْمٰنِ الرَّحِيمِ نوزده حـرف است و برابر بـا عدد «وجود» است كه نوزده
مى‌باشد و تأويل آن چنانست كه مُوجوديّتِ وجودى نمازگزار در ذكـر
اين كلمات تا مات در بحر حقيقتِ وُجود لايزال حق، غرق است كه هُوَ
الْاَوَّلُ وَ الْاٰخِرُ وَ الظّاهِرُ وَ الْباطِنُ وَ لاٰ وُجُودَ اِلّا اللهَ.

كسـى كه رعايت قرائت مى‌كند بايد متوجّه باشد آياتى را كه تـلاوت
مى‌كند قلبش به واقعيّت آن عارف باشد زيرا رسول صَلَّى الله عَلَيْهِ وَ اٰلِهِ وَ
سَلَّم فرمود: لاٰ صَلوٰةَ اِلّا بِفاتِحَةِ الْكِتابِ. يعنى نماز نيست مگر بـه فاتحة
الكتاب، يعنى فاتحه‌اى كه كتاب را بگشايد.⁽۱۱۷⁾

۱۱۷- قرائت، خاصّ قرآن و امر مورد تحقيق، اصل حقيقت وجودى و دليل و
علّت حياتى در مراتب وجودى است كه واجدگويائى حقيقى مى‌باشد. گـويائى
الزاماً در برگيرندهٔ همهٔ مراتب، چه جهت حقيقت، چه جهت اجرائى و چه جهت
بساطت در مراتب بوده و داراى نقش يادآورى كننده است. اينگونه يـادآورى،
ماوراى امور زندگانى روزمرّه است طورى كه ابتدا بر اساس تكرارها به صورت
ثبت و ضبط حسّى و در امتداد آن واكنشهاى شيميائى و عكس العملهاى ضمائر
را به دنبال دارد. هر پنج حسّ ظاهر در امتداد مراتب وجودى پيكرهٔ انسانى داراى
نمودارى هستند كه در راستاى تظاهرات بيرونى عملكردى داشته و هم موجى و
هماهنگى را اعلام مى‌كنند، تا جمعيّت حاصل گردد. جمعيّت يا تمركز به معناى
اين است كه پيكرهٔ انسان به عنوان يك واحد حقيقى متوجّه به مـركزيّت افاضه
كنندهٔ وجودى خويش باشد،كه در عين بودن نفى كننده است. مورد نظر از نفى
كردن در اينجا «نبودن» نيست، بلكه عين «بودن» است و مبيّن عرضهٔ سير از عدم تا
هست مى‌باشد. عدم به معناى عرضهٔ انسان در حيطهٔ پيكرهٔ مـادّى مـحدود و

خدای تعالیٰ می‌فرماید: اِقْرَأْ کِتابَکَ کَفیٰ بِنَفْسِکَ الْیَوْمَ عَلَیْکَ حَسیباً. (سورهٔ ۱۷ اسراء/ آیهٔ ۱۴) یعنی کتاب خـود را بـخوان کـه از حسـابگری امروز برای تو کافی است، کتاب نفس خودت را کـه به قدرت قـلم الهـی مسطور شده است.

کتاب وجود تو که سیّد الموحّدین امیرالمؤمنین علی صلوات الله علیه

مجازی است یعنی در عین لایتناهی، محدودیّت را عرضه می‌کند، زیـرا هسـتی ابدی جامع و مطلق است.

وقتی امر حیاتی قابلیّت مطلقهٔ خود را در مراتب اعلام می‌کند، این سیر را سیر عقلانی می‌گویند که در اصطلاح فلاسفه عقل اوّل نام دارد. عقل اوّل جوهره‌ای است متوجّه به جامعیّتی که در سیر عرضه گردیده است. این همان قانون یا علّت حیاتی است که خود مملو کننده بوده و لذاکلّیهٔ مراتب را نیز در برمی‌گیرد. وقتی گفته می‌شود عاقل، عقل متوجّه به فرد نیست که بگوئیم این دسته افراد در ردیف عقلا هستند بلکه عقل امری است اضافه بر فرد یا انسان. نتیجتاً عقل، همه جانبه می‌تواند باشد ولی همه ندارند و منظور عقل معاش هـم نـیست بـلکه عـقل اوّل زمانی برای انسان معنا خواهد یافت که آنچه از او سرمی‌زند در سلامت همه جانبه باشد. به عبارت دیگر حاکمیّت از موجودیّت مجعول و ناشناخته و هـمچنین از آثار بیرونی و عکس‌العملهای حسّی او سلب گردیده و سرچشمهٔ هرچه هست، از مرکزیّت افاضه کننده باشد. به بیان دیگر تمام آثار بیرونی و تناسبات عنصری و عکس‌العملها باید الزاماً از او سلب گردند. زمانی که هسـتی مـمکن‌پذیر گشت، مراتب را پذیرا خواهد بود. مراتب هـر قـدر هـم مـتغیّراتی را شـامل بـاشد ایـن متغیّرات بر امری جامع یعنی هستی مطلق مـتّکی است یـعنی اگـر از او تـناسب عنصری سر بزند متوجّه به توازنهاست و این یعنی عرضه و تجلّی هستی.

فرماید:

اَتَــزْعَمُ اِنَّکَ جِــرْمٌ صَـغيرٌ — وَ فيکَ انْطَوَى الْعالَمُ الْاَکْبَرُ
وَ اَنْتَ الْکِتابُ الْمُبينُ الَّذي — بِــاَحْرُفِهِ يَــظْهَرُ الْــمُضْمَرُ

(گمان می‌کنی تو جرم کوچکی هستی، در تو عالم اکبر در هم پیچیده است و توئی کتاب مُبین که به حرفهای آن نهفته‌ها آشکار می‌گردد.)

و این همانست که حضرت رسول صَلَّى اللهُ عَلَيْهِ وَ آلِهِ وَ سَلَّم می‌فرماید: کُلُّ صَلوٰةٍ لَمْ تُقْرَأْ فيها فاتِحَةُ الْکِتابِ فَهِيَ خَداجٌ. (یعنی هر نمازی که در آن فاتحة الکتاب خوانده نشود ناقص است.)

عارف معارف یقین حضرت میرقطب‌الدّین محمّد عنقا فرمود:

«اگر الفباء قاموس معنوی به دست آید و رُموز کتاب ناطق نفس کشف شود از کتب صامت بی‌نیاز و نزدیک به مقام غنیّ بالذّات خواهیم بود.»

اذکار لسانی در نماز

نیّت: قصد تقرّب به خداوند در انجام نماز مُعیّن.

تکبیرة الاحرام: اَللهُ اَکْبَر.

قرائت: در رکعت اوّل و دوّم نماز.

حَمْد یا فاتحةالکتاب:(۱۱۸) بِسْمِ اللهِ الرَّحْمٰنِ الرَّحيمِ* اَلْحَمْدُ لِلّٰهِ رَبِّ

۱۱۸- نماز کتاب علمی انسان است. لذا به منظور واقعیّت بخشیدن به محتوای این

الْعالَمِينَ ٭ اَلرَّحْمٰنِ الرَّحِيمِ ٭ مالِكِ يَوْمِ الدِّينِ ٭ اِيّاكَ نَعْبُدُ وَ اِيّاكَ نَسْتَعِينُ ٭ اِهْدِنَا الصِّراطَ الْمُسْتَقِيمَ ٭ صِراطَ الَّذِينَ اَنْعَمْتَ عَلَيْهِمْ غَيْرِ الْمَغْضُوبِ عَلَيْهِمْ وَ لَا الضّالِّينَ ٭ (سورهٔ ۱ فاتحه/ آیات ۱ الی ۷) (بنام خداوند بخشنده مهربان، ستایش خدای را که پروردگار عالمیان است، بخشنده و مهربان است، مالک روز دین است، ترا بندگی می‌کنیم و از تو یاری می‌جوئیم، ما را به راه راست هدایت کن، راه کسانی که آنان را نعمت دادی نه راه آنان که غضب بر ایشان کردی و نه گُمراهان.)

سُورة یا سورة الاخلاص: بِسْمِ اللهِ الرَّحْمٰنِ الرَّحِيمِ ٭ قُلْ هُوَ اللهُ اَحَدٌ ٭ اللهُ

کتاب، ضروری است که انسان اعلام کنندهٔ «الف» یا قیام وجودی خویش بوده و در عملکرد عبادتش شخصاً حاضر باشد. نتیجتاً بدیهی است که هیچکس نمی‌تواند به جای دیگری برپاکننده یا اعلام کنندهٔ نماز باشد. هنگامی که انسان به منظور ادای نماز قیام می‌نماید، باید زبانش گویا، گوشش شنوا، چشمش بینا و حسّیاتش از همه لحاظ برای او و ملموس بوده و در عین حضور کامل، تمام ذرّات وجودیش اعلام کنندهٔ آن مرکزیّت وجودی گردند.

اعلام وجود به هستی را حمد می‌نامند و آن زمانی است که موجود در مسیر حیات خود، به نهایتش می‌رسد و آنچه که با اوست، همه جانبه عرضه می‌گردد. به عبارت دیگر او در واقعیّت حیات خود استقرار می‌یابد. به عنوان مثال وقتی بذر سیب کاشته شد و در نهایت به میوه نشست، عرضه کنندهٔ واقعیّت حمد در این مرتبه می‌گردد که همه جانبه واجد خواهد بود. در واقع حمد، برخورد عملی نمازگزار با صورت کلّیهٔ اعضای او و در تمام مراتب است. بدین معناکه «ح» معرّف رکوع، «میم» مبیّن سجود و «دال» نمودار تشهّد می‌باشد.

الصَّمَدُ* لَمْ یَلِدْ وَ لَمْ یُولَدْ* وَ لَمْ یَکُنْ لَهُ کُفُواً اَحَد.» (سورهٔ ۱۱۲ اخلاص/ آیات ۱ الی ۵) (به نام خداوند بخشنده مهربان، بگو اوست خدای یگانه، خدای بی‌نیاز (پُر)، نزاده و زائیده نشده، و او را همتائی نیست.)[۱۱۹]

تسبیحات در تمام رکعات نماز.

ذکر در رکوع: سُبْحانَ رَبِّیَ الْعَظیمِ وَ بِحَمْدِه. (منزّه است پروردگار بزرگ من و من او را می‌ستایم.)

ذکر در سجود: سُبْحانَ رَبِّیَ الْاَعْلیٰ وَ بِحَمْدِه. (منزّه است پروردگار برتر من و او را می‌ستایم.)

ذکر تسبیحات اربعه: (در رکعت سوّم و چهارم در قیام) سُبْحانَ اللهِ وَ الْحَمْدُ لِلّٰهِ وَ لا اِلٰهَ اِلَّا اللهُ وَ اللهُ اَکْبَر. (سه بار) (منزّه است خداوند، حمد برای اوست، نیست الهی مگر او، و الله بزرگتر است.)[۱۲۰]

۱۱۹- شروع نماز با بِسْمِ اللهِ الرَّحْمٰنِ الرَّحیمِ است. خداوندی که بخشش و رحمانیّتش عام است، مملو کنندهٔ تمام مراتب می‌باشد. این مراتب جز رب نیست که همه چیز در حاکمیّت اوست. وقتی آبشخور کلّیهٔ مراتب وجودی انسان چنین صورتی پیدا نمود، همه چیز او در مسیر مرکزیّت افاضه کننده یا اصل رجوع کننده خواهد بود. تحقّق این معنا به منزلهٔ کشف سرّ انسان یا یافتن نقطهٔ استقرار و نتیجتاً دستیابی به حقیقت رحمانیّت مطلق است.

۱۲۰- قیام تمام ذرّات وجود انسان و گویا گشتن آنها بر نقطهٔ عدل به معنای تسبیح حقیقی است. به عبارت دیگر تسبیح آنچنان طلبی است که قیام در ادامهٔ آن تحقّق عملی می‌یابد. نتیجتاً نمودارهای مراتب بعدی، بیان کنندهٔ اصلی خواهند بود که

ذکر تشهّد: اَشْهَدُ اَنْ لا اِلٰهَ اِلَّا اللهُ وَحْدَهُ لا شَریکَ لَهُ وَ اَشْهَدُ اَنَّ مُحَمَّداً عَبْدُهُ وَ رَسُولُهُ اَللّٰهُمَّ صَلِّ عَلیٰ مُحَمَّدٍ وَ آلِ مُحَمَّد. (گواهی می‌دهم که الهی غیر از الله نیست او تنهاست و شریکی برای او نیست و گواهی می‌دهم که محمّد(ص) بنده و فرستادۀ اوست، خدایا بر محمّد(ص) و اولاد او صلوات بفرست.)

ذکر سلام: اَلسَّلامُ عَلَیْکَ اَیُّهَا النَّبِیُّ وَ رَحْمَةُ اللهِ وَ بَرَکاتُهُ. (سلام بر تو ای پیغامبر و رحمت خدا و برکات او.)

اَلسَّلامُ عَلَیْنا وَ عَلیٰ عِبادِ اللهِ الصّالِحین. (سلام بر ما و بر بندگان صالح خداوند.)

اَلسَّلامُ عَلَیْکُمْ وَ رَحْمَةُ اللهِ وَ بَرَکاتُهُ. (سلام بر شما و رحمت و برکات خداوند.)

قیام مبتنی بر آن است بدین معنا که همه جانبه گویای حقیقت این امر است. شرط چنین قیامی اوّلاً حضور و ثانیاً طلب حقیقی است، به گونه‌ای که سیر نمازگزار در جهت تحقّق این قیام، ابدی بوده و مشمول هدایت گردد و گرنه ظهور محدودیّتها در راستای تحوّلات و تزلزلهای سلّولی، متوجّه به خواسته‌ها، نیازها و ضعفها بوده و قابل هدایت نمی‌باشد. مانند سیم برق که شدّت جریان الکتریکی، مکانیکی و حرارتی و همچنین جهات نورانی را با هم واجد است. بدین معنا که همه جانبه عرضه کننده حقیقتی می‌باشد که بر آن قیام کرده است. تحقّق این چنین واقعیّتی در انسان نزد اهل معرفت «توحید» نام می‌گیرد.

رکوع و سجود

قَوْلُهُ تَعالی: یا اَیُّهَا الَّذینَ آمَنُوا ارْکَعُوا وَ اسْجُدُوا وَ اعْبُدُوا رَبَّکُمْ وَ افْعَلُوا الْخَیْرَ لَعَلَّکُمْ تُفْلِحُونَ (سورۀ ۲۲ حج/ آیۀ ۷۷) (ای مؤمنان رکوع کـنید و سجده کنید و عبادت کنید پروردگارتان را و عمل خیر انجام دهید شاید که رستگار شوید.)

رکوع[121] در لغت به معنی انحناء است و شرعاً انحناء به قدری است که دو کف دست بر دو زانو برسد، و سجود به معنی به خاک افتادن است در عین خشوع.

رکوع نفی مطلق خواطر نمازگزار است در عبادت و از این رو حالت

۱۲۱- در هنگام رکوع، نمازگزار مراتب را نفی کرده و اعلام لایتناهی می‌نماید که در حقیقت در ادامۀ نفی، بقا و وصل تحقّق خواهند یافت. رکوع یا تعظیم حقیقی در صلاة هنگامی است که کلّیۀ ذرّات وجود انسان در امتداد قیام و گویائی بر نقطۀ عدل، طالب هدایت یا مشیّت الهی گردیده و قیام نمایند. به تعبیر دیگر استهلاک کلّیۀ خواسته‌های متوجّه به نیازهای طبیعی و استقرار همه جانبۀ ذرّات وجود در هماهنگی با مشیّت، در واقعیّت تعظیم خلاصه شده است. این حال را که نتیجۀ معرفت است، می‌توان در این وهله «فنا» نامید. جالب توجّه در این مبحث ایـن است که در صورت عدم حاکمیّت هـمه جانبه معرفت و دانایی، هـدایت و پاسخگوئی در محدوده‌ها و نسبتها حاصل شده که مکفی و جوابگو نـمی‌باشد، زیرا زمینه‌ها و ادوات از آمادگی و سلامت حقیقی برخوردار نیستند. به عـبارت دیگر، ظرفیّت و گنجایش پذیرایی همه جانبه عرضه نگشته و بـالنّتیجه دریـافت حقیقی حاصل شدنی نیست.

جوارح نیز به صورت «لا» قرار می‌گیرد و عرض این واقعیّت از طرف بنده مستلزم معرفت کامل و یقین داشتن به فنای خود و عظمت تجلّیات صفات جلالی حق است و گفته شده که شرط در رکوع تعظیم است ظاهراً و باطناً.

زیرا قسم حقیقی در نماز مشاهدهٔ تجلّیّات حق است و بندگی خالص در حضرت معبود اعظم در آئینهٔ دل صافی و قلب متوجّه نورانی و عقل مجرّد و نفس پاک مطمئن که تأثیرات آن بدون تکلّف بلسان و جوارح عاید شده و از هر گونه شبه‌ای خارج باشد تا روح سیر در مجاریِ خواطر صافیه و معارف باقیه کند و به حقیقت معنی اَلْعُبُودیَّةُ جَوْهَرَةٌ کُنْهُهَا الرُّبُوبِیَّةُ برسد.(۱۲۲)

۱۲۲-انسان محقّق باید بررسی نماید که شاخصیّتش چیست و قیام او بر چه مبنائی است. آیا شاخصیّت و رجعت او متوجّه به تناسبات حسّی است و یا به آنچه که از قلبش سرمی‌زند؟ هر قدر تلاش او در جهت نفی معیارهای تناسبی حواسش بوده و رجعت و توبه‌اش به خواطر قلبی باشد، قیام یا هستی او در امتداد واقعیّتی خواهد بود که «هست». به بیان دیگر هر قدر علفهای هرز را در زمین سالم قلبش ریشه کن نموده و در پاکسازی آن مجاهده نماید، حقیقت عدل، حقیقت قیام، حقیقت نیّت و بالاخره حقیقت تسلیم در او تحقّق عینی و عملی می‌یابد.

وقتی که انسان در ارتباط با مسائل بیرونی بدون داشتن محک و معیار حقیقی به قیاس می‌پردازد افراط و تفریط را در خود پرورش داده و خواسته‌ها و توقّعاتش براساس همان معیارها و ضوابط غیرحقیقی افزایش خواهند یافت. بدین ترتیب آنچه را که برای او در امتداد سیر و سلوک باطنی و مسیر لایتناهی الزامی است و قابلیّت عرضهٔ آن با اوست، از خود قطع می‌نماید، زیرا او در مرکز تعیین کنندگی سیر وجودی خود قرار دارد.

الصّلاة

مشهور است که ربیع ابن خثیم تمام شب را بیدار بود در یک رکوع و چون صبح می‌شد می‌گفت که همهٔ مخلصین پیشی گرفتند و از من برنده شدند.

عبادت یعنی در بند حق بودن به کمال صدق و گذشتن از خواهشهای نفسانی، و برای غیر خدا استعمال نمی‌شود و ذکر کلمهٔ «رَبُّکُمْ» در آیه تأکید است بر اینکه قصد عبادت صالحه جهت کشف حقیقت عبادت است و اشاره‌ای است به کشف مقام ربوبیّت ولی عبادتی که به عادت شود عبادت نیست عادت است. (۱۲۳)

انسان حقیقت جو در چنین وهله‌ای، ضرورت توجّه، بررسی و ریشه‌یابی خواسته‌ها و مقتضیات و علل بروز و قیام آنها را در خود محرز می‌یابد. در این راستا اگر در ارادت و تسلیم ضمائر حیوانی و اوامر مغزی قرار گیرد سیرش مجازی بوده و در امتداد عدم، یعنی مرتبه‌ای که در آن امر وجود قابل عرضه نیست، قرار خواهد گرفت و در صورتی که ارادت در تسلیم اوامر و احکام قلبش باشد، سیرش سیر لایتناهی است که انبیاء و اولیاء مبشّر آن می‌باشند. معنای اینکه «انسان سازندهٔ محیط خویش است» در این وهله قابل برخورد گشته و در حقیقت هیچ کس نمی‌تواند برای دیگری جهت هدایت یا گمراهی داشته باشد.

۱۲۳- شرط اساسی و ضروری در مسیر تعلیم و یادگیری حقیقی این است که موجودیّت شاگرد، همه جانبه تزکیه و خالی از هرگونه اضافات گردد تا امر تعلیم یا معلّم در او پر و حاکم باشد. در واقع وجه تمایز شاگرد و معلّم، یا عابد و معبود، حلقهٔ میم و یا همان «نقطه» است. وقتی که نقطه به سیر درآید، «الف» نمودار می‌گردد، که «الف» وجه مفارقت عابد و عبد است. عبد به معنای عرضه وجودی

قالَ اللهُ تَعالىٰ: وَاسْجُدْ وَاقْتَرِبْ. (سورهٔ ۹۶ علق / آیهٔ ۱۹) (سجده کن و تقرّب جو.)

قالَ اَمیرُالْمُؤمِنینَ عَلِیٌّ عَلَیْهِ السَّلامْ: اَلسُّجُودُ الْجِسْمانِیُّ هُوَ وَضْعُ عَتائِقِ الْوُجُوهِ عَلَی التُّرابِ وَ اِسْتِقْبالُ الْاَرْضِ بِالرّاحَتَیْنِ وَ الْکَفَّیْنِ وَ اَطْرافِ الْقَدَمَیْنِ مَعَ خُشُوعِ الْقَلْبِ وَ اِخْلاصِ النِّیَّةِ.

وَ السُّجُودُ النَّفْسانِیُّ فَراغُ الْقَلْبِ مِنَ الْفانِیاتِ وَ الْاِقْبالُ بِکُنْهِ الْهِمَّةِ عَلَی الْباقِیاتِ وَ خَلْعُ الْکِبْرِ وَ الْحَمِیَّةِ وَ قَطْعُ الْعَلائِقِ الدُّنْیَوِیَّةِ وَ التَّحَلّی بِالْخُلْقِ النَّبَوِیَّةِ. (سجدهٔ جسمانی قرار دادن اصل وجه در خـاک است و استقبال زمین به زانوها و دو کف دست و گوشه‌های دو قـدم بـا خُشـوع قـلب و اخلاص نیّت.

و سجدهٔ نفسانی فراغت دل از آنچه فانی شدنی است و روی کردن به تمام همّت بر آنچه باقی است و دوری جُستن از کبر و حمیّت و قطع عـلائق دنیوی و آراسته شدن به خُلق نبوی.)

سجود کمال خضوع و خشوع بنده است که فرمود: وَاسْجُدْ وَاقْتَرِبْ که چون خود را در برابر حضرت حق به خاک می‌افکند خود را خاک می‌بیند و نزد اهل باطن فنای کلّی عارف است پس از آنکه نفی خود کرده، همه وجود را از حق می‌داند. به این دلیل صورت ترکیبی سجود «لله» معکوس است و به انضمام قیام بعد از رکوع که الف مکتوبی می‌باشد جمعاً کـلمهٔ

و از میان رفتن مراتب سیر یا به عبارت دیگر حذف اضافات می‌باشد.

«الله» است و در رکعت ثانی نماز، قیام متّصل به سجود در حقیقت بقاء بعد از فناء سالک است. (۱۲۴)

۱۲۴- سجود در لغت به معنای به خاک افتادن است. قبلاً نیز اشاره گردید که در هنگام سجود، نمازگزار هفت موضع از بدن خود را که از طرفی در امتداد امور دنیائی و از جانب دیگر در ارتباط با هفت خازن مغناطیسی از خازنهای سیزده گانهٔ پیکرهٔ انسانی می‌باشند، به زمین گذاشته و آنچه را که بوی خاک می‌دهد، به خاک باز می‌گرداند. در حقیقت نمازگزار که طالب قرب به اصل حقیقت وجودی خویش است، نمودارهای حاصله از آن امر را که عرضه کنندهٔ حقیقت خود او نیز هستند، به اصلش، یعنی خاک، برگردانده یا گندزدائی می‌کند. به بیان دیگر اعلام می‌دارد که آنچه در تناسبات عنصری عرضه گردیده، عدم و او طالب اصل فطرتش می‌باشد. امّا عدم نه به معنای نیستی، زیرا عدم به معنای حقیقی، خود عین هستی است. عدم، همانگونه که قبلاً بیان گردید به معنای عرضهٔ هستی در امتداد سیر امکانی موجودیّت انسان بوده، در عین اینکه امر و اصل او مبرّا از نمودارهای امکانی است. با اوست و با او سیر می‌کند، امّا او نیست. در حقیقت وقتی توجّه نمازگزار به فطرتش معطوف گردید، هستی است و دیگر عدم نیست.

برهمین اساس، هیئت نموداری نمازگزار در هنگام سجده به شکل ﭪﯘﯘ می‌باشد که به صورت «الله» معکوس بوده که همراه با «ا» قیام، کلمهٔ «الله» را تشکیل می‌دهند. اشاره به مراتب هفتگانه یا هفت آسمان در چگونگی سیر و سلوک معنوی در اسرار این امر نهفته است. اگر قیام و سجدهٔ نمازگزار بر یک قانون حقیقی باشد، حضور در مسجد خدا یا کعبهٔ موعود تحقّق می‌یابد.

برای درک بیشتر مطلب می‌توان به آینه‌ها و خواصّ آنها رجوع کرد. هنگامی که شیئی در مقابل آینه قرار می‌گیرد، صورتی از آن شیءِ به نسبت محدود در آینه منعکس گردیده، که نشان از وجود واقعیّت در مقابلش را دارد، ولی خود حقیقی

الصّلاة ۱۴۸

اویس قرنی شبی را در قیام و شبی را در رکوع و شبی رادر سجود به عبادت اشتغال داشت. او را گفتند: «از چه بدین حـال نـماز مـی‌گزاری؟» گفت: «اینها کرده‌ام ولی هنوز یک تسبیح چنانچه باید نگفته‌ام.»

در سجود لازم است که هفت موضع از اعضاء بدن که کارگزاران عوامل طبیعی جهت ارضاء تمنیّات نفسانی‌اند به خاک افتند. سر و هر خاطری که بر او گذرد بر خاک نهد به قسمی که بلندتر از زمین نباشد به این معنی که باید عُجبی راکه از عقل طبیعی دست داده، در حضور حق به خاک ریزد و آنچه از معقولات و دانشها بدان تفاخر کند و میلها و رغبتهای طبیعی و کلّیهٔ ماسوی الله را عدم انگارد و دو دست نیز بر خاک نهد که جز به عبادت حق، دست به هیچ امر و میل و رغبتی نیالاید. یعنی دست از همه شسته و اعمال دستان را به خاک افکنده و دست به عبادت حق و فنای خویش زده است و جز به حمایت حق اتّکاء نکند و دو زانو که قوّت اعـمال طـبیعی انسـان بدانهاست و سر قدمها بر خاک نهد که جز به راه حق نرود و آنـچه حـق مشیّت فرموده بر آن قدم نهد و بر آن قیام کند. این هفت موضع عبارتند از ادوات و اسبابهای موجودیّت بشری که به عبادت حق باید اشتغال ورزد و

نبوده و از همهٔ خصوصیّات و صفات شیء، به نسبتی مـحدود بـا تـصویرش کـه عرضهٔ مجازی اوست، برخوردار می‌باشد. به عبارت دیگر تـصویر مـتصوّره در آینه، اعلام وجود حقیقت را می‌نماید ولی خود حـقیقی نبـوده، بـلکه مـجازی است.

از آباء و امّهات و موالید طبیعت بگذرد.

قوله تعالی: فَسَبِّحْ بِاسْمِ رَبِّکَ الْعَظِیمِ. (سورهٔ ۵۶ واقعه/ آیهٔ ۷۴) و مانند آنست. سَبِّحِ اسْمَ رَبِّکَ الْاَعْلیٰ. (سورهٔ ۸۷ اعلیٰ/ آیهٔ ۱)

(پس به نام پروردگار عظیم خودت تسبیح کن. به اسم پروردگار برترت تسبیح کن.) یعنی به یاد اسم پروردگار. تسبیح حق جلّ و علا مستلزم معرفت کامل است.

عتبة بن عامر روایت کرده است که چون فَسَبِّحْ بِاسْمِ رَبِّکَ الْعَظِیمِ نازل شد نبی صلوات الله و سلامه علیه فرمودند: آن را در رکوع خود قرار دهید و وقتی که سَبِّحِ اسْمَ رَبِّکَ الْاَعْلیٰ نازل شد فرمودند: آن را در سجود خود قرار دهید.

و هشام بن سالم از حضرت امام صادق علیه السّلام روایت کند که فرمود: «در رکوع سُبْحانَ رَبِّیَ الْعَظِیمِ و در سجود سُبْحانَ رَبِّیَ الْاَعْلیٰ، فرض یکبار است سنّت سه بار.»

تشهّد

چون دیدهٔ مؤمن در این فنای حقیقی باز شد نمازگزار در تشهّد به هیئت «له» باشد[۱۲۵] و این به آن معنی است که طریق او و حقیقت او و رجوع به

۱۲۵- نمازگزار در تشهّد اعلام می‌کند که عمل و عکس‌العمل‌های مقطعی، تناسبات عنصری و جهات تعبّدی در او حاکمیّت ندارند. بدین ترتیب علم در او همه جانبه رسوخ پیدا کرده و اعلام جامعیّت می‌نماید و همهٔ مراتب وجودی او

اوست و هر تجلّی متّکی به اوست و تسبیح و شهادت و سلام در نماز حاکی از همین معانی است.

حضرت امام صادق علیه السّلام فرموده‌اند: «تشهّد در نماز ثنای امّت بر خدای تعالیٰ است پس تو در پنهانی بندهٔ او و در هر فعلی برای او خاضع باش به قول و دعوی. بندهٔ او هستی راستگو باش بدرستی که حق تعالی ترا بنده آفریده و امر کرده است که او را به دل و زبان و جوارح خود برای

عرضه کنندهٔ هستی مجرّد هستند. هنگامی که معنای شهود، آنگونه که بیان گردید، تحقّق یافت، جهت روحانیّت و واقعیّت روح کشف می‌شود. در این حال، جهات مغناطیسی انسان الزاماً با کهکشانها جفت و همگین هستند. در این وضعیّت، تمام مراتب وجودی متوجّه به یک قانون یا امر ثابت وجدانی می‌باشند و اهل باطن این وهله را در اصطلاح «ایمان» می‌نامند.

ایمان یا اعتقادات باطنی، چگونگی یا روش اجرائی قانون به منظور حصول علم است. یعنی هنگامی که تمام خازنهای مغناطیسی یا مراکز انرژی پیکرهٔ انسان متوجّه به یک مرکزیّت واحد بوده و در آن جمع باشند. جهات اجرائی آن متوجّه به زمانی است که عوامل «خودی» در حاکمیّت نبوده و به عبارت دیگر امر تسلیم به وقوع پیوسته که انسان در این حال در جمعیّت مطلق و نهایتاً فانی است. ایمانی که در تمام جهات وجه اجرائی نداشته و فقط متّکی بر قراردادها و تعاریف مصطلح باشد، متوجّه به عدم ثبات و دگرگونی‌هاست و به مسائل حیاتی ربطی پیدا نمی‌کند. فعل و انفعالات منتجّه نیز براساس ضعفی که پرورش دهندهٔ انسان است، برنامه ریزی شده، الزاماً متغیّرات را سبب می‌شوند و حقیقی نخواهند بود. این کنش و واکنشها و یا آثار حیاتی که فعّالیّت آنها منحصراً در نسبتهاست، پرورش دهندهٔ امراض می‌باشند.

ربوبیّت او عبادت کنی.»

عَنْ اَبی عَبْدِاللهِ جَعْفَرُ بْنِ مُحَمَّدِ الصّادِقُ عَلَیْهِ السَّلامُ قالَ: قالَ رَسُول الله: خَیْرُ الْعِبادَةِ قَوْلُ لا اِلٰهَ اِلَّا اللهُ. (بهترین بندگی گفتن لا اِلٰهَ اِلَّا اللهُ است.)

اِنَّ اللهَ وَ مَلائِکَتَهُ یُصَلُّونَ عَلَی النَّبِیِّ یا اَیُّهَا الَّذینَ آمَنُوا صَلُّوا عَلَیْهِ وَ سَلِّمُوا تَسْلیماً. (سورهٔ ۳۳ احزاب/ آیهٔ ۵۶) (خدا و فرشتگانش بر محمّد(ص) درود می‌فرستند ای کسانی که ایمان آورده‌اید بر او درود فرستید و تسلیم شوید تسلیم شدنی.)(۱۲۶)

صلوات از جانب خدای به معنی رحمت و عنایت حق و تشریف و ترفیع مقام محمّدی است و از اینجاست که گفته‌اند: تشریف خدای، محمّد صَلَّی الله عَلَیْهِ وَ آلِهِ وَ سَلَّم را که فرمود: اِنَّ اللهَ وَ مَلائِکَتَهُ یُصَلُّونَ عَلَی النَّبِیِّ، رساتر است از تشریف آدم به سجود. و صلوات به رسول الله صَلَّی الله عَلَیْهِ وَ آلِهِ وَ سَلَّم سبب ربط قلبی با روحانیّت آن حضرت است.

تسلیم: مراد از تسلیم، انقیاد برای او است چنانکه در قول خدای تعالی است: فَلا وَ رَبِّکَ لایُؤْمِنُونَ حَتّیٰ یُحَکِّمُوکَ فِیما شَجَرَ بَیْنَهُمْ ثُمَّ لایَجِدُوا فی اَنْفُسِهِمْ حَرَجاً مِمّا قَضَیْتَ وَ یُسَلِّمُوا تَسْلیماً. (سورهٔ ۴ نساء/ آیهٔ ۶۵) (نه، قسم به پروردگارت ایمان نمی‌آورند تا اینکه تو را در مشاجرات خود

۱۲۶- شاهد، مرتبه‌ای است که در آن هیچگونه شک و شبهه جایی نداشته و قیام بر مرکزیّت وجود یا سرزمین موعود باشد. بنابراین الزامی است که شاهد در ارادهٔ بینا قرار داشته باشد تا در امتداد جهت پرورشی خود امر تسلیم از او سر بزند.

حَکَم قرار دهند و سپس در نفس خود حَرَجی از آنچه حکم کرده‌ای نیابند و تسلیم شوند تسلیم شدنی.)(۱۲۷)

حقیقت صلوات و سلام بر محمّد در نماز اینست که قلب مؤمن در نماز از نورانیّت حضرت ختمی مرتبت محمّد مصطفی صَلَّی اللهُ عَلَیْهِ وَ آلِـهِ وَ سَلَّم روشن می‌شود.(۱۲۸)

۱۲۷- زمانی که تمام مراتب انسان به منظور عرضهٔ جامعیّت در هماهنگی و تبعیّت از مرکزیّت وجودی یا معلّم وجود قرار گرفت، تسلیم یا عشق یا رشد و نمو در معنای حقیقی که همه در اینجا دارای یک مفهوم می‌باشند، صورت عملی می‌یابد. در این حال میدانهای الکتریکی و مغناطیسی فرد با هم پیوند خورده و نورانیّت وجود فرد را مملو می‌سازد مثل یک عاشق که همهٔ وجودش پر از معشوق است. هرچه را که می‌بیند یاد معشوق می‌افتد چرا که معشوق دیدش را پر کرده و از پشت این چشم، عشق را بیناست و این مرتبهٔ «جذبه» است. تحقّق این واقعیّت هنگامی است که تناسبات در امتداد توازن یا امر نورانیّت استقرار یافته باشند.

۱۲۸- «اَلسَّلامُ عَلَیْکَ اَیُّهَا النَّبِیُّ وَ رَحْمَةُ اللهِ وَ بَرَکاتُهُ» برخورد همه جانبهٔ انسان با نفس قانون و مشاهده واجد بودن آن امر در کلّیهٔ مراتب وجودیش، منجر به جاری گشتن سلام می‌شود که متوجّه به اصل هماهنگی است. بدین معنا که ایمان نمازگزار گویا و اعلام کنندهٔ سیر اوست و نبی همان نفس قانون می‌باشد که فنای نمازگزار در او تحقّق یافته است. وقتی که این وقوف و عظمت در باطن کشف شد، نمازگزار اعلام سلامتی کرده و اظهار می‌دارد که با این سلامتی برخورد همه جانبه حاصل نموده است.

«اَلسَّلامُ عَلَیْنا وَ عَلیٰ عِبادِ اللهِ الصّالِحین، اَلسَّلامُ عَلَیْکُمْ وَ رَحْمَةُ اللهِ وَ بَرَکاتُهُ.» هر

بی‌هدایات حق و خاصان حق   گر مَلَک باشد سیاهستش ورق

صلوات بر مقام محمّد صَلَّی اللهُ عَلَیْهِ وَ آلِهِ وَ سَلَّم در تشهّد و سلام بعد از آن از واجبات نماز است. رسول صلّی الله علیه و آله و سلّم فرمود: نماز قبول نمی‌شود مگر بطهور و صلوات بر من، صَدَقَ رسول الله صلّی الله علیه و سلّم.

کعب ابن عجرة گوید: پرسیدم که صلوات بر تو چگونه است؟ فرمود: بگوئید اَللّٰهُمَّ صَلِّ عَلیٰ مُحَمَّدٍ وَ آلِ مُحَمَّدٍ کَما صَلَّیْتَ عَلیٰ اِبْراهیمَ وَ آلِ اِبْراهیمَ اِنَّکَ حَمیدٌ مَجیدٌ وَ بارِکْ عَلیٰ مُحَمَّدٍ وَ آلِ مُحَمَّدٍ کَما بارَکْتَ عَلیٰ اِبْراهیمَ وَ آلِ اِبْراهیمَ اِنَّکَ حَمیدٌ مَجیدٌ. (خدایا بر محمّد و آل او صلوات فرست همچنانکه بر ابراهیم و آل او صلوات فرستادی. تو پسندیده و صاحب عزّت و رفعت هستی و مبارک گردان بر محمّد و آل محمّد

فردی که در سیر این عبودیّت نسبت به این رحمانیّت باشد، سلامش به خود و به دیگر بندگان صالح است یعنی آرامش و سلامتی‌اش با وجود است و او را با عدم کاری نیست. «علینا» یعنی بر ما، و اشاره دارد به همبستگی، برابری و صلحی که در من و ماست و این همان حق و حقوقی است که انسان در جستجوی آن است. «آشنا آشنا را می‌یابد» در رازنامه یادآور همین مطلب است.

این همه عظمت مربوط به یکی از فروع دین است. این فرع که همهٔ هستی را در برگرفته نشانهٔ کوچکی از یک اصل و عظمت وصف ناپذیر است. رحمت یا جهت پرورشی همه جانبه، گویای امری است ثابت که در هماهنگی با خود قانون یا امر قرار دارد و نهایتاً ابدی است.

الصّلاة

همچنانکه مبارک گردانیدی بر ابراهیم و آل ابراهیم. محقّقاً تو پسندیده و صاحب عزّت و رفعت هستی.)

بنابراین حدیث مشهور، مسلمین به صلوات بر آل به تبع محمّد صَلَّی الله عَلَیْهِ وَ آلِهِ وَ سَلَّم اجماع کرده‌اند.

قول در جهر و اخفات

وَ لَاتَجْهَرْ بِصَلَاتِکَ وَ لَا تُخَافِتْ بِهَا وَ ابْتَغِ بَیْنَ ذٰلِکَ سَبِیلاً. (سورهٔ ۱۷ اسراء/ آیهٔ ۱۱۰) (در نماز خواندن خود بلند و آشکار و کوتاه و خفی نکن بلکه بین آن دو راهی بدست آر.)

آیه، مبیّن وجوهی است به خفا و جهر:

۱- در خفا ممکن است ذکر لسانی صحیحاً رعایت نشده و یا در اداء با خطا مواجه گردد.

۲- اعتدال، طریق حق و شرط عقل است و در تمام تعالیم دین اسلام به آن توصیه و تأکید شده است و نیز عمل مؤمن باید به عین اخلاص و از ریا دور باشد. (۱۲۹)

۱۲۹- جهر یعنی آواز بلند. در اقامهٔ نماز حاکمیّت عدل ضروری است، بدین معنا که نماز نه بلند و آشکار و نه کوتاه و خفی اداگردد. به عبارت دیگر خودگویائی مورد تعلیم است. چگونگی این خودگویائی مستلزم هماهنگی است. چون نمازگزار در توازن وجودی استقرار پیداکرده، جهت حیات را اعلام کننده است

قِیْلَ الرِّیَاءُ هُوَ اَنْ لَا یَکُوْنُ الْعَمَلُ خَالِصاً لِلّٰهِ تَعَالیٰ وَ قِیْلَ الْمُرَائِی الَّذِی
یَعْبُدُ اَمْثَالَهُ وَ الْمُخْلِصُ الَّذِی یَعْبُدُ مَنْ لَیْسَ کَمِثْلِهِ شَیْءٌ. (ریا آنست که عمل
خالص برای خدای تعالیٰ نباشد و گفته‌اند: مُرائی کسی است کـه چـون
خودی را بندگی کند و مخلص کسی است که بی‌ماند را بندگی کند.)

امّا جهر و خفیه در رکعات نماز برحسب سنّت حضرت رسـول اکـرم
صَلَّی الله عَلَیْهِ وَ اٰلِهٖ وَ سَلَّم باید انجام شود. در نمازهای صبح و مغرب و

و تمام مراتب حیاتی او مملو شده به عبارت دیگر تمام مراتب و موازینش بر این
عدل قیام کرده نتیجتاً اجرای عدل چه در نماز او و چه در تمام شئونات زندگی او
پیداست.

عدم حاکمیّت عدل یعنی افراط و تفریط که حتّی در مسائل پیش پا افتاده نیز
موجب شدّت نگرانی و دلهره و بی‌نظمی می‌گردد. نمودار ضعف، نـاهنجاری
است و سعی در جبران آن مستلزم توجّه به نمودارها و آب و رنگ زدن تظاهرات
بیرونی است که هیچگونه تعادل و آرامشی را به همراه ندارد. حاکـمیّت نـظم و
عدل در امتداد عکس‌العملها، التهابات را محو نموده و ضعفها جای خـود را بـه
قوّت خواهند داد.

«خفی» اشاره دارد به تکرار ذهنی الفاظ که خود یک مرتبه از مراتب ذکر در
سطوح مادّی است و متوجّه به خطاست. بنابراین چگونگی و عکس‌العملهای آن
هم در همان سطوح است. از آنجاکه جهت اجرائی و سازندگی در مراتب مادّی
ناچیز است لذاکفایت کننده و جامع نخواهد بود. امّا سازندگی در امتداد جامعیّت
بایستی آنگونه باشد که تمام وجوه و صفات خدائی عرضه گردند. بدین معناکه به
جای نمودار عکس‌العملهای مادّی، اصل وجودی، متجلّی حقیقت خود باشد. به
عبارت دیگر جهات لطیفه که حقیقت معنای اخلاص است، عرضه شوند.

عشا قرائت به صورت جهر است به استثناء رکعات سوّم و چهارم (تسبیحات مقرّره) و در نماز ظهر و عصر بطور خفا ادا می‌شود.

نماز جماعت

قالَ الله عزّ و جلّ: اُولٰئِکَ الَّذینَ هَدَی اللهُ فَبِهُدٰیهُمُ اقْتَدِه. (سورهٔ ۶ انعام/ آیهٔ ۹۰) (آنان کسانی هستند که خداوند هدایت کرد آنان را پس به هدایتشان اقتدا کن.)

صورت نماز جماعت، موقوف به پیروی مأموم، ظاهراً و باطناً، از امام مُفترض الاطاعه‌ایست که در غیب هویّت به اعتدال تمام بوده و ملکوت وجودش در نقطهٔ عدل الهی مستقر باشد و رسوم و عادات در وجودش مضمحل شده و حقیقت باطنش مندرج در معالم حقیقت محمّدی در سیر عبادات باشد.(۱۳۰)

۱۳۰– مفترض یعنی واجب، لازم، لازم الاطاعت. امام، لازم الاطاعت است. امام، در عین ظهور در جمعیّت، فرد است، یعنی در حقیقت تنهاست.
وقتی صحبت از سیر و سلوک انسان می‌شود، اشاره به زمانی است که او با مسائل دنیایی قطع رابطه کرده، نه به مفهوم آنکه همه چیز را کنار بگذارد و در کنجی بنشیند بلکه مسائلی نظیر خوردن، خوابیدن، گفتن و شنیدن را در امتداد آنچه که ضرورش هست، در اعتدل اجرا می‌کند. به عبارت دیگر برای سازندگی الزاماً باید هر یک از اینها در مرتبهٔ خود و در هماهنگی و اعتدال کار انجام دهد، از افراط و تفریط بپرهیزد و هر نوع تمایلی را که جهت سازندگی را منقلب می‌کند

عدالت، ملکهٔ راسخهٔ نفس است، و عدل، نقطهٔ اتّکاء وجود.

عادل کسی است که اقوال و افعال و اعمالش متّحداً بـه مـرکزیّت ملکوتش متّکی بوده و از افراط و تفریط در هر حـال مـصون و مـحفوظ باشد.

گند زدائی نماید. وقتی چنین شد تن‌های تنهاست. یعنی قـوالب کـار صـورت می‌دهند اما کارگزار حقیقی، وجود است. تن‌ها یعنی بدن‌ها در مرتبهٔ عناصر به کار خود مشغولند ولی چون تنهاست فعل و انفعالات عنصری در جهت اختلال کاری صورت نمی‌دهند و این حقیقت سیر وجودی است. این تـنها شـده در امـتداد مراتب وجود سیر حیاتی می‌کند. با حیات آشناست و هماهنگ با اوست نتیجتاً قانون جهت اجرائی خواهد یافت. این مـقام نبـوّت است و چـون برپائی او بـر استقرار و قیامی است، مقام ولایت هم هست، نتیجتاً در مراتب هماهنگ و هـم موج است. هم جمع و هم واجد نمودار سیر حیاتی است. به بیان دیگر، چون در عرضه و سازندگی است هم از بسیط برخوردار است و هم عـین جامعیّت است طوری که در مراتب امکانی قابل برخورد و عرضه می‌گردد.

به کارگیری اصطلاح «جمعیّت» و «جماعت» به معنای جامع و متمرکز است که بر یک اصل قیام نموده و این همان عرضهٔ توحیدی و سیر یگانگی است. همه با هم در یک هدف، یک حریم، یک جماعت و یک جمعیّت به عبادت هستند بالنّتیجه توجّه هر کس به خودش معطوف است. اینجاست که جمعیّت معنا پیدا می‌کند زیرا که جهات عرضهٔ حیاتی در مراتب، در امتداد امر جامع و یگانه، از درون جوشی است. در غیر اینصورت ازدحام و هـمهمه است. در این حـال حقیقت وجودی او و همهٔ مراتب را مملو کرده زیرا در امتداد جامعیّت، هرچـه در هستی است در هماهنگی با اوست و معنای حقیقی حقوق بشر همین است.

این چنین امام در عبادات در حکم واسطهٔ ربّانی و روحانی با جامعهٔ مؤمنین است. چون روحی واحد به معراج مقاصد معنوی سیر می‌کند و اقتداء کنندگان را با خود به معراج حقایق می‌کشد، که: اَلصَّلوةُ هِیَ مِعْرَاجُ الْمُؤْمِنْ. امّا جمع در نماز سالکین و مؤمنین عبارتست از جمع شهود حق از عوالم تعیّن و امکان به مرکزیّت قلب، و جمع الجمع، وصول جمعیّت عوالم و عوامل کلّیهٔ وجودی است در غیب هویّت انسان کامل.‌ (۱۳۱)

۱۳۱- زمانی که نمازگزار همهٔ قوانین را اجرا کرده و ایمان، همهٔ مراتب وجودی او را در برمی گیرد، در نقطهٔ اتکا و نقطهٔ عدل، یعنی طه (طاهر)، که در واقع معنای حقیقی امام و معلّم وجود است، مستقر می‌گردد. در این وهله همهٔ موجودیّت نمازگزار باکلّیهٔ وجودهش در وجود دانا خلاصه شده و منطبق بر قوانین اوست. با آنکه مراتب متمایز از یکدیگرند، او واجد همهٔ مراتب است و در عین واجد بودن، اجباری به عرضهٔ امکانی ندارد. وجود باطنی است گرچه همه مراتب ظاهر را نیز در بر دارد.

مادامی که انسان در ضابطه‌های پیش ساختهٔ مردمی گرفتار است و در لابلای همان مسائل بی‌ارزش به جستجوی جهت اجرائی مفاهیم می‌پردازد، ناآرامی و بی‌اعتدالی در او حاکم بوده و ضایعات از نتایج حتمی آن است. امّا زمانی که منظّم گشته و هر امری در وجه خود جنبهٔ اجرائی پیدا کند، اعتدال در وجود او رسوخ کرده و هماهنگی آمر می‌شود.

یاد آوری می‌گردد که عدم، هستی در مرتبهٔ مادّی و امکانی است. به بیان دیگر عدم، صورت امکانی حقیقت بسیط و جامعی است که در مراتب جهت عرضه پیدا می‌کند. هستی، بسیط و لایتناهی است لذا ضرورتاً واجد جهات وجودی است. هنگامی که سیر مراتب از ناسوت و عدم وسعت پیدا کند و محدودهٔ فرضی

در «مصباحُ الشّريعة» است كه: قالَ الامامُ الصّادق(ع) لا يَصِحُّ الْاِقْتِداءُ اِلّا بِصِحَّةِ نِسْبَةِ الْاَرْواحِ فِى الْآزالِ وَ اِنْشِراحُ نُورِ الْوَقْتِ بِنُورِ الْاَزَلِىّ وَ لَيْسَ الْاِقْتِداءُ بِالتَّوَسُّمِ وَ حَرَكاتِ الظّاهِرِ وَ التَّنَسُّبِ اِلىٰ اَوْلِياءِ الدّينِ مِنَ الْحُكَماءِ وَ الْاَئِمّةِ. قالَ اللهُ عَزَّ وَ جَلّ: يَوْمَ نَدْعُوا كُلَّ اُناسٍ بِاِمامِهِمْ. (سورهٔ ۱۷ اسراء/ آيهٔ ۷۱) (حضرت امام صادق(ع) فرموده است: اقتدا صحيح نيست مگر به صحّت نسبت ارواح در ازل و انشراح نور وقت به نور ازلى. اقتدا به علامت جوئى و نشانه و حركات ظاهر و يا نسبت درست كردن به يكى از اولياى دين از حكماء و ائمّه نيست.) خداى تعالىٰ فرمود: (روزى كه همهٔ مردم را با امامشان دعوت مى‌كنيم.)

قالَ اللهُ عزّوجلّ: فَاِذا نُفِخَ فِى الصُّورِ فَلا اَنْسابَ بَيْنَهُمْ يَوْمَئِذٍ وَ لايَتَساءَلُونَ. (سورهٔ ۲۳ مؤمنون/ آيهٔ ۱۰۱) خداوند فرمود: (وقتى كه در صور دميده شود در آن روز نسبت بين آنها نباشد و سؤال كرده نشوند.)(۱۳۲)

وَ قالَ اَميرَالْمُؤْمِنينَ عَلىُّ بْنِ اَبيطالِبِ عَلَيْهِ السَّلامُ: اَلْاَرْواحُ جُنُودٌ مُجَنَّدَةٌ فَما تَعارَفَ مِنْهَا ائْتَلَفْ وَ ما تَناكَرَ مِنْهَا اخْتَلَفْ وَ قيلَ لِمُحَمَّدِ بْنِ الْحَنَفِيَّةِ: مَنْ

و امكانى را از دست دهد، عروج حاصل مى‌گردد و به عبارتى سير از خود تا خود معنا يافته و صورتهاى محدود ابعادى، جهت وجودى پيدا مى‌كنند.

۱۳۲- سنجش به اعتبار ميزان و حاكميّت ايمان مشخّص كنندهٔ آن است. آنچه در سير است خود گوياست و احتياجى نيست كه مورد سؤال قرار گيرد. آنچه كه در آن غوطه‌ور است خود نمايان كنندهٔ نمود اوست.

اَدَّبَکَ؟ فَقالَ اَدَّبَنی رَبّی فی نَفْسی، فَمَنْ کانَ مِنْ اُولِی الْاَلْبابِ وَ الْبَصیرَةِ تَبِعْتُهُمْ بِهِ وَ اسْتَعْمَلْتُهُ وَ مَا اسْتَفْتَیْتُهُ مِنَ الْجُهّالِ اجْتَنَبْتُهُ وَ تَرَکْتُهُ مُسْتَغْفِراً فَاَوْصَلَنی ذٰلِکَ اِلیٰ کُنُوزِ الْعِلْمِ وَ لاٰطَریقَ لِلْاَکْیاسِ بَیْنَ الْمُؤْمِنینَ اَسْلَمُ مِنَ الْاِقْتِداءِ لِاَنَّهُ الْمُنْهَجُ الْاَوْضَحُ وَ الْمَقْصَدُ الْاَصَحُّ.

(امیرالمؤمنین علی بن ابیطالب(ع) فرموده است: ارواح سپاهیانی هستند گردآوری شده که هر کدام از آنان با هم آشنا باشند با هم الفت گیرند و هرچه ناآشنا باشند از هم دور شوند. و از محمّد بن حنفیه پرسیدند که چه کسی تو را ادب کرده؟ گفت: پروردگارم در نفس من مرا ادب کرده است. پس هرچه از صاحبان عقل و بصیرت بود پیروی کرده و به کار بردم و از نادانان فتویٰ نخواستم بلکه از آنان دوری کرده و استغفارکنان آنان را رها کردم، پس مرا به این گنجینهٔ علم رسانید. برای مؤمنان زیرک سالمترین راه اقتداست زیرا روشنترین طریق و صحیح ترین مقصد است.)[۱۳۳]

و امّا تهلیل عملی و اسرار حرکات جوارح نمازگزار از مسائل مهمّی است که مخصوص صلوة در اسلام است و مدلّل می‌سازد که تشریح اعمال

۱۳۳- ارواح در ایمان اتّحاد دارند. هنگامی که هر یک از مراتب وجودی بر مرکزیّت حفرهٔ خورشیدی قائم گردید و در امتداد این خازن اعلام کنندهٔ مراتب وجودی گشت، ایمان تحقّق یافته است. حاکمیّت قانون در استقرار بر مرکزیّت است. «اتّحاد» به معنای قیام تمام مراتب وجودی و استقرار در نقطهٔ عدل مطلقه است. اینگونه اتّحاد، اعلام کنندهٔ امر یگانگی، خواه در تناسبات عنصری و خواه در امتداد امر شهودی یا بسیط خواهد بود.

واجبه در نماز از حدّ اندیشه‌های بشری خارج و مطمئنّاً از جملهٔ واردات وحی به روح و قلب مُطهّر شخص پیغمبر اسلام حضرت محمّد مصطفی صَلَّی الله عَلَیْهِ وَ آلِهِ وَ سَلَّم است و آن عطیّه‌ایست الهی جهت هدایت و کاملیّت بشر در سیر وجودی خود.

در صلوة اسلام، مُصلّیِ از تزکیه و تنزیه نفس و نفی خود و توحید حقیقی، حتّی در مقدّمات و مقارنات، غفلت ندارد.(۱۳۴)

در نماز قلب مؤمن و لسان و جوارح او از تکبیر و تهلیل و صلوة قاصد به یک حقیقت است و آن ذکر کلمهٔ طیّبهٔ «لا اِلٰهَ اِلَّا الله» است که فرمود: «قُولُوا لا اِلٰهَ اِلَّا اللهُ تُفْلِحُوا.» «قُولُوا» جمع است به این معنی که با جمیع همّت یعنی به تجرید قلب از غلبات دهر و هویٰ و کلّیهٔ قوا اعمّ از احوال باطنی و قول لسانی و فعل جوارح بگوئید «لا اِلٰهَ اِلَّا الله» تا رستگار شوید.

قبلاً در مورد توجّهات باطنی و اذکار لسانی به استناد و استشهاد آیات کریمه و احادیث و روایات معتبره سخن رفت و اینک به شرح اعمال جوارح مبادرت می‌نماید.

اعمال واجبهٔ حرکات جوارح در نماز پس از نیّت و تکبیرة الاحرام پنج مورد است: قیام، رکوع، قیام متّصل به رکوع، سجود و تشهّد.

۱۳۴– زمانی که تناسبات عنصری در امتداد قوای حیاتی فقط برای عرضهٔ همان قوّه، جهت سازندگی داشته باشند، تزکیه معنا خواهد یافت. به بیان دیگر تزکیهٔ حقیقی ممانعت از بروز هرگونه عملکردی بجز ضرور و مسیر سازندگی است.

این آداب در نماز ابداً جنبۀ تفنّنی یا ذوقی و عادّی ندارد که به تأویلات ساده توجیه شود بلکه اعمالی است مبتنی بر حقایق نازله از عرش اعلیٰ و مؤیّد صدق و خلوص مُصلّی در نماز است.

در نیّت، تکبیرة الاحرام، قیام و حالات مختلف جوارح، کلمۀ طیّبۀ «لاٰ اِلٰهَ اِلّٰا الله» است. (۱۳۵)

ساختمان بدن انسان از پردۀ حجاب حاجز دو قسمت است:

۱- قسمتی که به طرف زمین و عامل کلّیۀ اعمال طبیعی است و حروف «لاٰ اِلٰهَ اِلّٰا» از آن مستفاد می‌شود.

۲- قسمت فوقانی یعنی قلب و سینه و دستها و سر و گردن به طـرف آسـمان است و در عـمل مربوط به تکبیرة الاحرام صورت «لله» را مجسّم می‌نماید. و اینکه در قیام پاشنه‌ها باید از هم جدا باشند به همین معنی است که قیام حق از حیـث ظاهر و باطن است، زیـرا هُـوَ الْاَوَّلُ وَ الْآخِـرُ وَ

۱۳۵- گسستن تعلّقات، تمایلات و بندها به معنای رسته شدن و یا رستگاری است. به عبارت دیگر تحقّق رستگاری به گونه‌ای است که هستی انسان بر وجود قیام نموده و حد در بی حدی شکسته شود. آنچه که صورت می‌پذیرد، گویاست و همه با هم در یک اتّحاد و بر یک مرکزیّت ثابت که همه را پرورش داده است، مستقر می‌باشند.

الظّاهِرُ وَ الْباطِنُ. و دو قدم نمازگزار یکی بر مُلک و دیگری بـر مـلکوت است، چون موجودات مظاهر وجودند و کثرات نمودی از بود حـقیقی و وجود مطلقند که معنی «لا اِلهَ» همین است.

قیام

۱- اوّلین عمل جوارح در صلوة، قیام نـمازگزار است که اشـاره بـه یکتاپرستی اوست و آن بـه صورت «ا» الف مکتوبی است که حقیقتش توحید صرف و بیّناتش ولایت حضرت او تعالیٰ شأنـه در وجود است. (۱۳۶)

رکوع و سجود

قالَ مَوْلا عَلِیٌّ عَلَیْهِ السَّلامُ: تَقَرَّبْ اِلَی اللهِ سُبْحانَهُ بِالسُّجُودِ وَ الرُّکُوعِ وَ الْخُضُوعِ لِعَظَمَتِهِ وَ الْخُشُوعِ. (با سجده و رکوع و خضوع و خشوع بـرای عظمت خداوند سبحانه تقرّب جوی.)

۱۳۶- صورت قیام، سیری است از بی‌نهایت تا بی‌نهایت و در واقع هـمانند «ا» (شکل الف) که سیر بی‌نهایت دارد.

الصّلاة ١۶۴

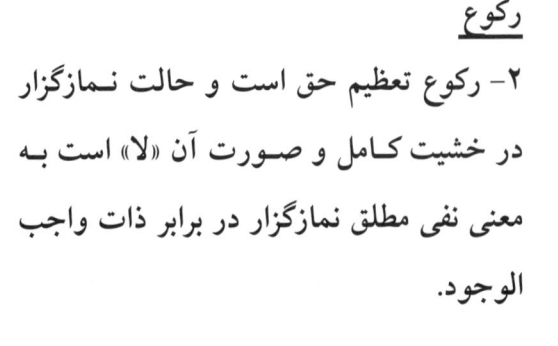

رکوع

٢- رکوع تعظیم حق است و حالت نـمـازگزار در خشیت کـامـل و صـورت آن «لا» است بـه معنی نفی مطلق نمازگزار در برابر ذات واجب الوجود.

قیام بعد از رکوع

٣- قیام بعد از رکوع به صورت الف مکتوبی و قبل از سجود است.

سجود

٤- مقصود از سجود، فـنـای کـلّی عـارف است که اجزاء خاکی را بـه خـاک داده و اتّصال کلّی به حق یافته. (١٣٧)

١٣٧- رکوع، همانگونه که وجه ظاهریش گویاست به معنای نفی است. تمام مراتب را نفی کرده و اعلام یگانگی در تمام مراتب وجودی دارد. به عبارت دیگر نفی محدودیّتها و اعلام لایتناهی است. نتیجتاً تمام متشکّلات و اداوت راکه صرفاً در امتداد مراتب کارآئی دارند، در ارائۀ نقطۀ عطف نفی می‌کند که این اعلام

الصّلاة

فَهُوَ تَوَارُدُ الْإِمْدَادِ مِنْ حَضْرَتِ الْكَرِيمِ اتِّصَالُ الْاِعْتِصَامِ وَ شُهُودُ الْحَقِّ مُنْفَرِداً. (سجده دريافت مدد از حضرت كريم و پيوستن به اعتصام و شهود حق است به تنهائى.)

وَ اتِّصَالُ الشُّهُودِ سُجُودُ الْحِجَابِ بِالْكُلِّيَّةِ، وَ اتِّصَالُ الْوُجُودِ بِالْاِنْتِهَاءِ اِلَى حَضْرَتِ الْجَمْعِ وَ يَتُِمُّ بَعْدَ الْاِنْفِصَالِ عَمَّاسِوَى الْحَقِّ وَ هُوَ سُقُوطُ رُؤْيَةِ الْاِتِّصَالِ وَ الْاِنْفِصَالِ وَ عَنْ يَفْنَى عَنْ نَفْسِهِ وَ يَبْقَى بِالْحَقِّ. (اتّصال شهود، سجود كلّى حجابهاست، و اتّصال وجود در نهايت به حضرت جمع است و بعد از انفصال كمال مى‌يابد و انفصال از غير حق سقوط رؤيت اتّصال و انفصال است كه از خويش فانى و به حق باقى شده است.)

اَلْفَنَاءُ هُوَ الزَّوَالُ وَ فَنَاءُ الشَّهَوَاتِ زَوَالُ الْاَوْصَافِ الذَّمِيمَةِ وَ فَنَاءُ الرَّاغِبِ زَوَالُ الشَّهَوَاتِ عَنِ الْجَوَارِحِ وَ الْقَلْبِ وَ فَنَاءُ الْمُحَقِّقِ بِالْحَقِّ لِاشْتِغَالٍ بِالْحَقِّ عَنِ الْخَلْقِ وَ قِيلَ: اَوَّلُ مَرَاتِبِ الْفَنَاءِ زَوَالُ رُؤْيَةِ الْعَبْدِ لِفِعْلِهِ ثُمَّ زَوَالُ الرُّؤْيَةِ لِذَاتِهِ ثُمَّ زَوَالُ تَقَيُّدِ الْحُكْمِ لِشَىْءٍ فِى التَّجَلِّيَاتِ الظَّاهِرِيَّةِ وَ الْبَاطِنِيَّةِ وَ فَنَاءُ الْفَنَاءِ زَوَالُ الشُّعُورِ وَ الْفَنَاءُ وَ قَدْ يُرَادُ بِهِ الْبَقَاءُ بَعْدَ الْفَنَاءِ. وَ الْبَقَاءُ هُوَ رُؤْيَةُ الْعَبْدِ قِيَامَ اللهِ تَعَالَى عَلَى كُلِّ شَىْءٍ وَ هُوَ مَقَامُ اَرْبَابِ التَّمْكِينِ وَ عِنْدَهُ لاَ يَبْقَى عَلَيْهِ رَسْمٌ وَ لاَ اِسْمٌ وَ لاَ عِبَارَةٌ وَ لاَ اِشَارَةٌ يَنْبَغِى مَنْ لَمْ يَزَلْ وَ يَفْنَى مَنْ لَمْ يَكُنْ وَ هُوَ مَرْتَبَةُ مَنْ يَسْمَعُ بِالْحَقِّ وَ يُبْصِرُ بِهِ. (فناء، زوال است. و فناى شهوات، زوال اوصاف ذميمه. و فناى راغب، زوال شهوات از جوارح و

احديّت در مراتب است.

قلب. و فنای مُحقّق بحق است به جهت اشتغال به حق از خلق. و گفته‌اند که اوّل مراتب فناء این است که بنده فعل خود را نبیند و بعد ذات خود را نبیند و بعد زوال قید حکم بشیء در تجلّیات ظاهری و باطنی. و فناء فناء زوال شعور است. و گاهی مقصود از فناء، بقاء بعد از فناء است. و بقاء اینست که بنده قیام الله تعالی را بر هر چیز رؤیت کند و این مقام ارباب تمکین است که در آن حال رسم و اسم و عبارت و اشارتی در بنده نمی‌ماند که سزاوار ذات جاوید باشد و نبوده را فانی سازد و این مرتبهٔ کسی است که به حق بشنود و به حق ببیند.)(۱۳۸)

به جان پاک جهت تحصیل کمال قرب در سجود حق افتاده که صورت جوارح در حالت سجود است و با قیام بعد از رکوع خوانده می‌شود.

۵- تشهّد به تنهائی به صورت «له» مکتوبی است. حمد و سپاس خاص به خداوند و شهادت به یگانگی او و به رسول در عین معرفت و بینائی و سلام به جمیع مؤمنین و بر خود در عین

۱۳۸- هنگام رشد بذر، وقتی محدودهٔ فرضی برداشته شود آنچه که هست حیات است. زمانی که مرتبهٔ عناصر بر امر جامعیّت خویش متّکی بود، عناصر را نفی کرده و وجود یعنی آن علّت حیاتی را عرضه می‌کند. این نموداری است از بقای بعد از فنا.

الصّلاة

خلوص و توحید، و شهادت حقیقی موقوف به علم و ایمان است.

پس جمع حالات و حرکات ظاهـری جوارح در نماز بوجوه مـختلف
«لاٰ اِلٰهَ اِلَّا الله» است.

پنج حالت جوارح نمازگزار در نماز

لا ا اله و

لا   ا   الله   له

عمل جوارح منطبق با نیّات قلبی و اذکـار لسـانی نـمازگزار در ادای
واقعی صلوة صدق و توحید کاملهٔ حق است.

دقایق دیگری نیز در عمل جوارح به شرح زیر مشاهده می‌شود:

دستها و سر در حالت تکبیر «هـ» و «لله» است که متّصل به الف مکتوبی
در قیام است و جمعاً «الله» می‌شود. «هـ» در حساب ابجد پنج و بـا الف
مُنضم به آن «ها» و مجموعاً عدد شش و همچنین واو کلمهٔ هو به تنهائی
«و» اشاره به ایّام خلقت عالم است در شش روز. و چـون صـورت «هـ»
منتهی به رکوع و رکوع خـود بـصورت «و» مکـتوبی است جـمعاً «هـو»
می‌شود و اتّصال الف مکتوبی قیام بعد از رکوع به سجود که «لله» است
جمعاً در یک رکعت نماز «هو الله» را مجسّم می‌نماید. (۱۳۹)

──────────────────────────────

۱۳۹- «هو» یعنی علّت حیات و حقیقت «الله».

رکوع به صورت «و» ملفوظی که فنای در حق است با عدد ۱۳ برابر و گویای کلمهٔ «احد» می‌باشد: احـد همچنین ترتیب عمل جوارح در قیام و رکوع و سجود و تشهّد جمعاً کلمهٔ «ا حـ مـ د» (احمد): احمد است که در حقیقت مبیّن رسالت حضرت ختمی مرتبت به ابلاغ حقیقت عبادت و اعلام کلمهٔ طیّبه «لاٰ اِلٰهَ اِلّاَ الله» جهت هدایت امّت مرحومه است ظاهراً و باطناً.(۱۴۰)

۱۴۰- شکل نموداری بدن نمازگزار در مواضع قیام، رکوع، سجود و تشهّد، کلمهٔ «احمد» را ظاهر می‌گرداند. در حقیقت نمازگزار ظاهراً و باطناً، احمد وجودی خویش را تعقیب می‌نماید تا در آن استقرار یافته و شناخت حاصل گردد. ترسیم توضیحات فوق به این شکل می‌باشد:

قیام

رکوع

سجود

تشهّد

و این همانست که رسول اکرم(ص) را حبیب خطاب فرموده و قیل:
اَلْمُحَبَّةُ وَ هِیَ تَعَلُّقُ الْقَلْبِ فِي بَذْلِ النَّفْسِ لِلْمَحْبُوبِ وَ مَنْعُهُ عَمّاسِواهُ.
(محبّت تعلّق قلب است در بذل نفس برای محبوب و ابا داشتن از غیر او.)

حکیم نظامی گنجوی گوید:

پردهٔ اوّل که الف نقش بست	بر در محبوبهٔ احمد نشست
حلقهٔ ح را کالف اقلیم داد	طوق ز دال و کمر از میم داد
لاجرم او یافت از آن میم و دال	دایرهٔ دولت و خطّ کمال
گوش جهان حلقه‌کش میم اوست	خود دو جهان حلقهٔ تسلیم اوست
اُمّی گویا به زبان فصیح	از الف آدم و میم مسیح
همچو الف راست به عهد و وفا	اوّل و آخر شده بر انبیا
شمع الهی ز دل افروخته	درس ازل تا ابد آموخته

و شیخ شبستری گوید:

ز احمد تا احد یک میم فرق است
جهانی اندر این یک میم غرق است

در اینجا فرمایش حضرت عیسی علیه السّلام یادآوری می‌گردد که فرمود: «پس از من پسر آدم می‌آید که نامش "احمد" است.» و این فرمایش در حقیقت اشاره به این معناست که پس از آنکه انسان در امتداد سیر وجودی خویش از کلاس مرتبهٔ حضرت عیسی علیه السّلام عبور نمود، تلاقی کنندهٔ مرتبهٔ وجودی حضرت نبیّ اکرم صلّی الله علیه و آله و سلّم -که نام مبارك آسمانی‌اش «احمد» است ـ خواهد بود.

جمع «م» مبسوطی در ابجد ۹۰ و آن حرف «ص» است.(۱۴۱)

قالَ اللّٰهُ تَعالیٰ: بِسْمِ اللّٰهِ الرَّحْمٰنِ الرَّحیمِ* ص وَ الْقُرآنِ ذِی الذِّکْرِ. (سورهٔ ۳۸ ص / آیهٔ ۱) (ص و قرآن صاحب ذکر)

«ص» ملفوظی ۹۵ است و آن متوجّه بـه سـورهٔ «طـه» است: بِسْـمِ اللّٰهِ الرَّحْمٰنِ الرَّحیمِ* طه* ما اَنْزَلْنا عَلَیْکَ الْقُرآنَ لِتَشْقیٰ. (سورهٔ ۲۰ طه / آیات ۱ و ۲) (طه، قرآن را بر تو نازل نکردیم تا خود را به مشقّت اندازی.)

«ط» در ابجد ۹ و «هـ» برابر با ۵ است. شروح مفصّل دیگر بـا بـیّنات متعدّده دارد که در تألیفات دیگر خود نوشته‌ام.(۱۴۲)

(مجملاً اینکه تطبیق حروف و اعداد بدون منطق جفر دلیل هیچ حقّی نیست.)

۱۴۱- میم اشاره به مرکزیّت دارد که در کتاب «رازنامه» چنین تبیین گردیده است: «به حق آفتاب حمد احمد.» اگر حمد از احمد حذف گردد، «الف» باقی می‌ماند و این بدان معناست که جهت کِرد قیام به آفتاب است که مرکزیّت افاضه کننده بوده و چون عین جمعیّت است، مملو است. زمانی این مـرکزیّت سـیر مـی‌پذیرد کـه جمعیّت گسترش یافته و در عین مراتب، دائماً گویای یگانگی باشد. بدین منظور تزکیه و طهارت الزامی است. لازم به تذکّر است کـه مـطالب مـذکور یـادآوری قوانین فیزیک می‌باشند. تزکیه به معنای عملکرد به عدل و قیام و یا توبهٔ دائـمی است.

۱۴۲- «طه» به معنای طهارت وجودی از هرگونه آلایش است و عرضه کنندهٔ آنچه که هست، بنابراین الزاماً متوجّه به منطق حقیقی و عرضهٔ اصل یگانگی است.

الصّلاة

این طرز عبادت کامل اختصاص به دین مقدّس اسلام دارد و سرمشق مؤمنین جهت ادای فریضهٔ نماز است. ترک هـر یک از ارکـان مـذکوره و همچنین حرکات اضافی در اعمال جوارح موجب بطلان صلوة است.

در قیام و قیام قبل از سجود و عمل جوارح در سجود کلمهٔ «الحی» با یاء شکسته‌اله مجسّم می‌گردد که از زمرهٔ اسماء الله در حق مؤمن صالح و سالک صادق مستبشر و در حـقیقت بـقائی است کـه پـس از فنا حاصل می‌کند. کُلُّ مَنْ عَلَیْها فانٍ. وَ یَبْقیٰ وَجْهُ رَبِّکَ ذُوالْجَلالِ وَ الْاِکْرامِ. (سورهٔ ۵۵ الرّحمن/ آیات ۲۶ و ۲۷) (هر که در آنست فانی است، و وجه پروردگار صاحب جلال و اکرام تو باقی می‌ماند.)(۱۴۳)

اگر به دیدهٔ تحقیق و نظر بی غرض توجّه شود کمال محض از صورت و معنی عبادات در دین مقدّس اسلام که اعظم آنها صـلوة است مسـتفاد می‌شود از آنجا که تمام مظاهر حقیقی علمی و فلسفی و عرفانی و توحیدی منضم با توجّه و تأکید در تنزیه روح و صفای باطن و ساختن یک انسان موحّد کامل مکمّل و الزام به صدق و اخلاص ظاهری و باطنی از حضرت حق افاضه گردیده است، پس اداء صلوة اهل اسلام، قانون عظیم پرورش انسان صالح و مؤمن و عارف در جامعهٔ بشریّت است در حالی که خـود

ـــ

۱۴۳-هیئت خازنها صورت «الحی» را عرضه می‌کند. هنگامی انسان می‌تواند با این صورت برخورد کند که ماورای طبیعت مادّی خـود، عـرضه کننده جامعیّت خویش باشد.

صلوة فرعی از فروع دین مقدّس اسلام می‌باشد. بدون اجرای صحیح آن، انسانیّت و مدنیّت و معرفت نمی‌تواند وجود داشته باشد. نمازگزار زنده به حق است و با ترک آن مرده در قبر تن و نفس.

مطالب مندرج در این رساله موجب تحکیم ایمان مؤمنین حقیقی و مسلمین واقعی جهان و تشویق سعادتمندان و مستعدّین و مستحقّین هدایات خداوندی و منزّه کنندهٔ دین مقدّس اسلام از بدعتهائی است که در قرون مختلف به تحریک منکرین از طریق تبلیغات مسموم در لباس دوستی و دشمنی به نام اسلام نشر شده و می‌شود.(۱۴۴)

حقیقت، ثابت و باقی است، و دسیسه‌های شیطانی، زودگذر و زوال‌پذیر، با این همه هر یک از این دو در زمانها مشتاقانی دارد.

در طول تاریخ دیده می‌شود که طمّاعان بی‌مرام برای پادار کردن سخایف و پی گم کردن ساده لوحان به تخریب عقاید ایمانی می‌پردازند تا تدریجاً مسمومیّتهای فکری خود را بین جوامع بشری نشر دهند.

۱۴۴- آنچه که مورد تعلیم است آن معرفت و ثباتی است که انسان حقیقی، فانی در وجود بسیط و لایتناهی، در نهایت خلوص و تزکیه، در جامعیّت خویش عرضه کنندهٔ آنست و اگرچه وی در مراتب مختلف نمودارهای متفاوتی هم بپذیرد باز به مرکز وجودی خویش یعنی عقدهٔ حیاتی در قلب متّکی و بر اصل خود پایدار است. این امر را در عرفان سیر از خود تا خود نامیده‌اند. پس از این، دیگر حرفی باقی نمی‌ماند، فقط کِرد لازم است.

در جادّهٔ تحقیق، قشرهای زیادی از کفر و شرک هست که گذشتن از آنها برای طالبان نوپا مشکل است. عوام فریبان نشانه‌های سوء نیّت خود را بطوری که ملایم طبع حیوانی باشد ابتدا در روح مردم خالی الذّهن و ساده‌لوح پیاده می‌کنند و بعد تا هر کجا که طمع و جهالت بپذیرد پیش می‌برند. به هر تقدیر بار آزمند همیشه بر دوش جاهل است.

اَللّٰهُمَّ اغْفِرْ لِلْمُؤْمِنِينَ وَ الْمُؤْمِناٰتِ فی کَنَفِ حِماٰیَتِکَ وَ هِداٰیَتِکَ وَ احْفَظْهُمْ مِنْ دَسائِسِ الْکاٰفِرینَ وَ مُتَعَلِّقاٰتِ الْمُغْرِضِینَ الشَّیْطاٰنِیَّةِ وَ عَبَدَةِ اَنْفُسِهِم الضّاٰلِّینَ بِحَقِّ مُحَمَّدٍ وَ آلِهِ وَ صَلَّی اللهُ عَلیٰ سَیِّدِنا مُحَمَّدٍ وَ عَلیٰ آلِهِ وَ صَحْبِهِ وَ مَنْ تَبِعَهُ بِحَقٍّ اِلیٰ یَوْمِ الدّینِ وَ سَلِّمْ تَسْلیماً کَثیراً وَ السَّلاٰمُ عَلیٰ مَنِ اتَّبَعَ الْهُدیٰ.

اَلْفَقیرُ اِلیٰ رَبِّهِ تَعاٰلیٰ: فقیر صادق عنقا شاه مقصود اویسی

القاهره فی ۲۲ ربیع الاول ۱۳۹۸

الموافق ۲ مارس ۱۹۷۸ و ۱۱ اسفندماه ۱۳۵۶